JN329615

静岡方言誌

えーらしぞーか

● 富山 昭

静岡方言誌

えーら しぞーか

まえがき

ある言語学者の推測によると、方言が日本の国から完全に消え去るのは、百五十年ぐらいのことであろうという。まだずいぶん先のことのようにも感じられるが、言葉の歴史の上から言えば、それはあっという間のできごとということにもなる。悲しいかな方言は、現代社会にあってはそうした運命を余儀なくされている。

そんな状況ながら、長くしいたげられてきた方言の存在に、国がようやく見直しの目を向けたのもつい十年ほど前のことである。「地域の文化を伝え、豊かな人間関係を担うもので、美しく豊かな言葉の一要素」として位置づけられた「方言」は、その後各地でどのような動きをたどっているのだろうか。

タイミングの良さもあってか、前著『しずおか方言考　読んでごろじ』（平成9年刊）は、予想外の反響をいただいた。今回は、その前作とは異なる視点で、あらためて「しずおか方言」の姿を追ってみた。「方言」が、私たちにより身近なものとして感じられるような内容をめざしたつもりである。
本書が、「方言」の、そして「地域」の、新たな見直しにつながるなら幸いである。

目次

まえがき　2
第一章　「しずおか方言」の正体　7
はじめに　8
「しずおか方言」の分布類型　10
一、静岡型方言　10
語彙例　11
二、東海東山型方言　22
語彙例　24
三、東日本型方言　34
語彙例　35

四、西日本型方言　47
語彙例　48
第二章　「しずおか方言」慣用表現　57
慣用句・慣用語彙例　59
第三章　しずおか「たい・ぽい」方言　103
一、「タイ・ボッタイ」型　106
(1)「タイ」型語彙例　106
(2)「ボッタイ」型語彙例　111
二、「コイ・ポイ」型　114
(1)「コイ」型語彙例　114
(2)「ポイ」型語彙例　119
三、「ナイ・モナイ」型　122
(1)「ナイ」型語彙例　122
(2)「モナイ」型語彙例　125

第四章　しずおか「フィーリング」方言　131
―擬態語の表現―
一、同音反復型語彙例　135
二、反復変化型語彙例　152
第五章　天候・時間の「しずおか方言」　161
一、天候・気象・風土の語彙例　164
二、時節・時間の語彙例　180
付録　189
「しずおか方言番付百語」　190
索引　i
参考・引用文献一覧　207
あとがき　210

第一章「しずおか方言」の正体

はじめに

一般的に、「静岡県の方言」という言い方からイメージされる意味合いは、共通語（標準語）にはない静岡県独自のことばとその表現のしかたということが考えられる。たぶんそれは、どこの県や地域にあっても同じようなイメージで捉えられているに違いない。

しかしこの「静岡県独自」という捉え方は、間違いとはいえないまでも、誤解の多い考え方だともいえる。

いわゆる「しずおか方言」には、たしかに静岡県でしか用いられない語や語法もあるが、その数はそう多くはない。その大半は近隣の県でも用いられていたり、あるいは東日本や西日本といった広域に共通する言い方であったりもする。そして実は、そうした全国的な分布の中での「しずおか方言」の正体（孤立性、共通性などの点）というものは、一般的な方言書の中ではその姿（全体像）があまり示されることはなかったといってよい。

たとえば、代表的な「しずおか方言」としていつもその番付の上位にあげられる「やっきり」「みるい」「おぞい」などの語は、はたして静岡県特有の語なのか、それとも他県にも用いられる語であるのか、それを見極める資料が具体的に示されることは、専門書以外ではほとんど見られなかったということである。

しかし、方言というものへの認識が進むとき、多くの人がその実態を摑《つか》んでおく必要性もどこかで生じてくるに違いない。それがこの章における展開の全体としての意図である。

殊に静岡県は、東西文化のはざまにあって、さまざまな分野でその「中間帯の特性」が論議の的となってきた。昨年度（平成18年）県内で行われた歴史や文化に関する二つの学会シンポジウムのテーマが、「東西文化の交差点―静岡県民俗の特質を探る」（静岡県民俗学会）「東西文化の地域史―列島の境目・静岡」（静岡県地域史研究会）という、期せずして同様の問題を掲げたのも、こうした地域の特性にかんがみてのことである。すなわちこれらのテーマは、静岡県にとっては常なる課題である。

はたして静岡は東西文化のはざまなのかどうか。方言の分野でもその検証は全国的な見地で行われてきた。たしかに、静岡県、愛知県あたりに日本の東と西の方言の境界線が目立つことも指摘されてきた。ただそれは、多くは文法的な特徴や音韻面での特徴の比較であって、ことば（方言語彙）そのものの面ではその分析をたしかなものとして示すまでには至っていない。

本章で扱う資料の提示は、この方言語彙の面からの「静岡は東西文化の境目？」といったテーマに迫るひとつの試みである。

具体的には、「しずおか方言」とされる語のいちいちについてその全国的な分布を探り（それが重要な作業となる）、その実態を四つの類型に分類、それらを通して「東西中間帯の方言」としての「しずおか方言」の正体を探ってみようということである。

「しずおか方言」の分布類型

一、静岡型方言

ここに言う「静岡型方言」とは、静岡県でしか使用されない、いわば最も特徴的な静岡県のことばである。全国的に見て、こうした狭い地域にのみ使用される独特のことばを、方言の世界では「俚言《りげん》」と言う。

ただ、こうした俚言を各地に拾い出していくことは、厳密な意味ではなかなか難しい。また、「しずおか方言」とは言いながら、その使用地域が県内全域というよりは、ある程度局地的なものに限定されることが多いのもこれらのことばの特徴の一つである。

そうしたなかで、ここには、静岡県内のそれなりの範囲で用いられる語を中心に、我が国最大の方言辞書である『日本方言大辞典』（小学館）を参照しつつ、「静岡型方言」に収まるものを選定してみた。すなわちここに列挙する語は、今のところ他県での使用（分布）が確認されない、静岡独特の表現形である。すでにもう、日常会話の中でも死語と化しつつあるものもありそうだが、今なお地元の人の口々に発せられる親しみ深い表現もある。

以下に記していく四つの類型の中でも、この静岡型方言のみについては、取り上げた語のそれぞれについて簡単な解説を加えてみた。それは、こうした地域限定語の貴重性にかんがみてのことである。

語彙例

注記・この項では、それぞれの語の〈語形・語意・例文・使用地域・解説〉の順で記してある。使用地域については、「県」とあるのは県内全域（およそ）、あとは、伊豆・東部・中部・西部といった大まかな地域区分を基準とした。

記載例／方言語彙・共通語意・用例・解説

【アツラサル】（頼まれる・言い付かる）○「きんのーおやく（親戚）からこりょーあつらさってきた」○県○アツラエル（託す・預ける）に、方言の受け身の助動詞サルが付いた語。県全域方言の代表的な語。

【アンマシナイ】（あまりのことだ・薄情だ・心憎い）○「約束を破るなんてあんましない人

だ」○中部○アンマシモナイとも言う。この語は近世から知られていたが、『駿国雑志』（天保14年刊）では「ありましない」すなわち「無（なき）といふ事を云へり」と解釈した。だが、正しくは、アンマシ（あんまり）に強調の接尾語ナイ（第三章参照）を付けた表現。

【イキズマシー】（息苦しい・仕事が苦しい）○「この部屋は狭いんていきずましーら」○伊豆、東部、中部○いきづまる（息詰まる）」の形容詞化か。北陸にイキズクナイがある。

【ウザマシー】（甚だしく多い・大きい）○「まんだ引っ越しの片付けがうざましくある」○中部○ウザは「うざったい」のように「嫌な感じ」を伴うこともあるが、ウザマシーには「すばらしい」（焼津）の意もあるのが特徴的。

【ウッショー】（熱中する・夢中になる）○「彼は釣りにうっしょーでまだ戻って来ん」○西部○「うつ（空）」に「しょー（正気・意識）」で、「うつつを抜かす」状態のことか。

【オーボッタイ】（うっとうしい・はれぼったい）○「ゆんべの寝不足で顔んおーぼったいよー」○県○語感からは何かが「覆う」ような感じからきた語（覆うぼったい?）か。静岡の「タイ・ポイ方言」（第三章参照）の代表格。他県ではオーボリタイ（千葉）があるのみ。

【オシワル】（教わる）○「私もあの先生におしわったことがある」○西部○共通語「おそわる」の訛語形（音変化）だが、全国的には珍しい語形。遠州の特徴的な言い方だが、井川（静岡市）あたりでも言う。

【オスンバー】（はにかみ屋）○「この子はおすんばーで人前が苦手だ」○中部、西部○語源は「小さくなる・すぼまる」の古語「すばる」で、恥ずかしがって身体をすぼめるところから。

【オダックイ】（お調子者・おだてに乗る者）○「あの人はおだっくいでどこにでも顔を出す」○中部○オダッキーとも言い、「おだを食う」（おだてに乗る）の名詞化。静清地域での独特の言い方。第二章オダヲアゲル参照。

【オヒンブル】（お上品ぶる・気取る）○「妙におひんぶった言い方は嫌われるよ」○県○ほぼ全域に分布（『図説静岡県方言辞典』）。「お上品ぶる」の簡略形で他の県にもありそうだが、今のところ『日本方言大辞典』でも静岡のみ。

【オベッタイ】（煩わしい・気乗りがしない）○「わざわざ来るじゃーおべったいでやめたずら」○中部○岡部では「煩わしい」、井川では「不潔だ・いやらしい」の意。

【ガータレル】（壊れる・破損する）○「神社ががーたれちゃったでみんなで修理せまいか」○西部○語源は不詳だが、「ガタ（音を立てて揺れ動いたりする）」を含む動詞「がたれる」（？）あたりか。

【カギナル】（手足が寒さでかじかむ）○「めた寒くって手がかぎなるぜん」○西部○共通語「かじかむ」の方言はカジケルが全国的で、静岡とその近県のカジクナル、カンジクナルもある。カギナルはこの地域独特。

【カサッパチマイマイ】（かたつむり）○「ここいらにかさっぱちまいまいが這ってるら」○中部○「かたつむり」の静岡県での呼称は、西部でマイマイ、中部でカサッパチ、カサンドー、東部でカサンマイが主なもの。カサパチマイマイは近世期の全国方言辞典『物類称呼』に「駿河沼津辺にて」とあった語で、富士、静清地域でも聞かれた。カサッパチ（瘡鉢）は頭にできるおできやはれものを言い、かたつむりの殻にあてはめた。マイマイは殻が巻いていることからの呼称とされる。カサンドーも静岡県のみ。

【キッサイ】（面倒・気味が悪い）○「そんなきっさいな事を言うなよ」○中部、西部（中遠）○『全国方言集』（静岡県警察部刑事課・昭和2年）には「キッサイナ　気障りな　安倍郡」とある。大東町でキッサイモナイとも言う。第二章キッサイガワルイ参照。

【キッチャカ】（早く・さっさと・てきぱき）○「仕事をまっときっちゃかにやってくりょー」○中部、西部○菊川の春の茶祭り「菊茶花祭り」の当て字に感心。「チャカ」は東北や北陸で言うチャカチャカ（手早いさま・さっさと）とも関連か。

【グジュグル】（くすぐる）○「おらがの背中をぐじゅぐるのはよせ」○伊豆、東部○「くすぐる」の訛語形だが他県になく、その濁音化がよけいにくすぐったさにつながる感がある。

【ゴータレル】（けなす・ねだる）○「あんましごーたれるとあとでえらい目に遭うぞ」○東部○近世書『俚言集覧』に「ごた」が駿河で怒って悪口を言う意とある。長野で「人でなしや強情者」をゴータレと言うのも関連ありか。

【ゴセッポイ】（せいせいした気分だ・安楽だ）○「子供らんいなくて今日はごせっぺーわ」○東部、中部、西部（中遠）○駿河の代表的な方言（語彙）として知られる。ゴセについては「後世」「御精」などの語源説がある。富士方面や一部の地域では反対の意（せいせいしない）で伝わる。ゴセッポクナイの否定用法で使うことが多い地域もある。

【コツイ】（小さい）○「あの人は身体はこついけーが力はめっぽうかい強いよ」○中部、西部○小さいことをコスイ、コツイと言うのは静岡県の特徴的用法で、県内の東半分でコスイ、西半分でコツイの言い方が目立つ。井川はコツナイ、本川根でコッツケナイとも言う。

【コブショッタイ】（だらしない・不潔だ）○「こぶしょったいなりして出かけるのはよせ」○中部、西部○ブショッタイに接頭語の「コ」を付けた言い方。静岡でよく使うブショッタイ（「無精ったい」）は東京や神奈川の一部に用例があるが、コブショッタイは静岡県のみ。山梨のコブショーモナイは同意語。

【ゴランマク】（言いたい放題・勝手気まま）○「さんざん御託並べてごらんまくな人だ」○伊豆、東部○語源不詳だが「ご乱脈」のことか。他県に類似の言い方もない。

【サータレル】（騒ぐ・うろつく）○「そんなにさーたれると追ん出されるぞ」○中部、西部○放浪癖の者をサータレモンとも言う。和歌山でシャータレル、ザータレルと言うのが同類か。第二章サータレマワル参照。

【サーラック】（前へのめる・つんのめる）○「坂道でさーらついてあぶんないとこだっけ」○中部、西部○サラヲックとも言うから、前のめりで「皿（ひざ頭）を突く」こと。伊豆の一部（西伊豆）でも言う。

【サッチラサッポー】（乱雑・散らかし放題・めちゃくちゃ）○「部屋ん中がさっちらさっぽーで動かれん」○中部、西部（中遠）○サッチラカス（散らかす）とサッポール（放り出す）の合成語か。サッチラギャーテ（富士）サッチラサクデ（焼津）も珍しい言い方。

【サナイサナイ】 第二章参照。

【ザンナラシー】（ひどい・見苦しい・大きい）○「夜中にざんならしい音がして目が覚めた」○西部○古語の「ざんなし（慙無し）」すなわち「無慙」（無残）の逆読みからの語らしい。三重、大阪でザンナイと言う。

【シナベル】（片付ける・整理する）○「そけーらにある荷物をしなべておきな」○中部、西部○これを「調べる」の意とするところがあるのは、語音の類似からする意味の転化と思われる。四国でシノベル、九州でシノブルと言うのが同系語か。

【シミッポイ】（親しみ深い・馴れ馴れしい）○「初対面だけん、しみっぽい人だったよ」○東部、中部○「身に染む」などの「シム」の形容詞化で人間関係に用いたもの。

【ショグナル】（しゃがむ・うずくまる・かがむ）○「腹痛でしばらく道端にしょぐなってた」○中部、西部（中遠）○同じく中部、西部でションジョクナル、コンジョクナル（富士）、ホンジョクナル（水窪）の言い方も。

【ションバイ】（塩辛い）○「ちーっと醤油を入れすぎたでしょんばいら」○中部、西部○「塩辛い」ことを東日本でショッパイ、西日本でカライと言う。伊豆、東部ではショッパイ。ションバイは全国でもここだけ。

【シラカー】（厚かましい・恥知らず）○「しらかーな人と会うとやっきりする」○西部○シラカワとも言い、方言辞典では「白皮」の字を当てる。シラ、ジラ（白）は知らないふりをしたり図々しい様子を言い、カー、カワ（皮）は状態強調の接尾語。「みだら」の意（掛川）でも用いる。

【シラックラ】（態度のはっきりしないさま・ずるくふるまうさま）○「いつまでもしらっくらしてないではっきりしろ」○伊豆、東部、中部○「しら（白）」「くら（暗）」にそれぞれ「とぼけていつわる、人目をごまかす」意がある。それを組み合わせた方言用法か。今も使用度は高い。

【スド】（裸・肌着を着けないでじかに着物を着た身体）○「寒くてもスドでいるなんておとましいねー」○中部、西部○裸でいることをスドでいると言うのは富士川以西での広い言い方。『本川根方言考』に「素胴」の意かとある。他県では用例なし。

【ズネル】（猛烈な勢いで走る・突っ走る）○「どでかい犬に追われてずねくってたよ」○中部、

西部（中遠）○ズネクル、ズナルとも言う。井川、本川根ではズナリマール（駆け回る）の言い方も。

【スンミ】（全然・少しも・少し）○「そんなこととはすんみ知らないっき」○中部○スンミシとも言う。典型的な県内中部方言。下に打ち消しを伴って「全く…ない」の用法が多い。

【セズヨー】（手の下しよう・仕方）○「どう言っても証拠がないんてせずよーがない」○中部、西部○ズは推量、意志の助動詞でセズヨーは静岡独特の表現形。セズヨーガナイ（第二章参照）の句形で用いられるのがほとんど。

【セタコー】（こせこせ・お節介・狭量）○「あんましせたこーじゃー誰も相手にせんよ」○西部○遠州の特徴的な表現。ただし、愛知のセタコイ（しつこい）、長野のセタッコネー（小意地が悪い）と同類の語か。

【セックリ】（しゃっくり）○「せっくりが止まらんでせつないっけ」○中部、西部○「しゃっくり」の訛語だが、『駿国雑志』にも「せくり」とあり、中世文献『明月記』にも「せくり」とあるのが注目される。

【ソラッツカイ】（そらとぼける人・うそつき）「どこだってそらっつかいはいるもんずら」○県○スラツカイとも言う。庵原郡では怠惰な者を言う。神奈川ではソラツキと言う。ソラッカウ（第二章参照）の名詞化表現。

【ゾングリ】（ぞっとすること）○「突然人が飛び出て来てぞんぐりしたよ」○中部、西部○ゾングラとも。遠州が本場の語だが、伊豆でも言うところがある。共通語にない端的な言い方で、よく感じを表している語。ゾングリスル、ゾングラコク（第二章参照）という動詞用法での使用が多い。

【ターターシイ】（大層らしい・大仰《おおぎょう》・大げさだ）○「そればかの傷で痛いなんてたーたーしいぞ」○伊豆○『静岡県方言辞典』『全国方言集』にもあるが、伊豆（田方郡）以外の分布がまだ摑めていない。

【チットラッツ】（第二章参照）

【デコナイ】（大きい）○「デコナイ魚が釣れてふんとにうれしーっけ」○中部、西部（中遠）○デッコナイとも。「でかい、でっかい」の語幹に接尾語ナイ（強調）を付けた言い方。井川、岡部ではドデコナイとも。

【テンズラ】（最初から・はじめから）○「てんずらそうせずと言ったじゃんか」○西部・テン（天）は「はじめ」の意。テンカラやテンガケとも言うが、テンガケは関東でも言う。テンズラは小笠郡、磐田郡で。

【トバム】（うずくまる・しゃがむ）○「急にとばんだりして気分でも悪いだか」○伊豆○トバジムとも言う。三島、沼津から伊豆全域におよぶ地域に特有の言い方。中、西部でショグナルと言うのと対をなす。

【ネグタ】（よく寝る人・寝坊）○「うちの子はねぐたで遅刻ばっかだ」○中部、西部○「寝くたばり」のことか。駿東、田方方面ではネブタと言う。和歌山、高知ではネグサリ、ネクサリ（寝腐）と言う。

【ハグシャレル】（ふざける・じゃれる）○「そんなにはぐしゃれとるとあいまち（怪我）せるよ」○中部○富士川から大井川までが主な使用地域。小笠郡でハゴジャレル、伊豆でハゴチャレルの言い方も。

【ヘラクタ】（やたらに・むやみに）○「へらくた人を打ったりしちゃーいけんよ」○中部、西部○ヘラニ・ヘラムショーと言うところもある。榛原郡、磐田郡でヘタクサとも言う。西日本ではヘラヘートが同意の語。

【ホーガシャナイ】（乱雑だ・手の付けようがない）○「いつの間にかほーがしゃない事になっちゃった」○西部（中遠）○『遠州の方言考』に中遠地域の代表的な方言の一つとしてある。他県にも類例がない。

【ボッタツ】（突っ立つ・ぼうーっとして立つ）○「なにょーそこにぼったってるだ」○県○共通語「つったつ（突っ立つ）」（何もしないでぼうーっとしている）に同じだが、ボッタツの方がその意にふさわしい語感。この用法のボッタツは他県にない。

【マルサラ】　（残らず・そっくりそのまま）○「大事なものをまるさら持ってかれた」○県○サラは静岡、長野、愛知などに特有の接尾語で「…（の）まま、…ごと」の意。共通語では「丸ごと」。代表的な静岡県の表現形。

【ミヤバカ】　（わずか・少しばかり）○「みやばか頑張っても追いつかないら」○伊豆、東部○ミヤバカリとも言うが、ミヤの意味が分からない。伊豆でショミヤバカと言うのも同意の語（第二章ショミヤバカデナイ参照）。

【ミンジリ】　（よく・十分・しみじみ）○「学校でみんじり勉強して来い」○伊豆、東部、中部○「みっしり」（一つのことを十分に行うさま）の訛語形。『安倍郡誌』には「しみじみ」の意でミングリとある。

【ヤンナリ】　（そのまま・すぐに）○「叩くとやんなりいかい音がした」○伊豆○接尾語「なり」（まま・ごと・すぐ）の付いた語で「やるなり」の訛語。ヤンナリは珍しく、ソンナリ（そのまま）は静岡とその他の県でも。

【ユルセー】　（心が伸びやかだ・ゆったりする気分）○「心配事も片付いて今日はゆるせーわ」○中部、西部○「気分がゆるやか」の「ゆるい」（緩い）からの語だが、ユルセーの語形は静岡県のみ。第二章ユルセクナイ参照。

【ヨーク】　第二章参照。

【ヨサリカカル】（寄り掛かる・もたれる）○「壁によさりかかって一息つく」○中部、西部○ヨサル、ヨリカサルとも言う。「ヨサル（寄さる）」は奈良時代の東国方言とされる古語にもある。ヨサリカカルの用法は他県にない。

【ヨル】（地震が来ること）○「地震がよるとおっかにゃー」○伊豆、東部○ヨルは「ゆる（揺る）」と同じで「揺れ動く」こと。奈良時代の歌謡（『日本書紀』）にも「地震（なゐ）がより来ば」とある古語。中部、西部ではイルと言う。長崎、熊本で「地震」をユリ、ユルと言う。

二、東海東山型方言

静岡県の方言は、全国の方言区画の上では「東海東山方言」と呼ばれるものに分類されている。いわば、日本の中央部に位置する中部日本の一角として、主に、山梨、長野、静岡、愛知、岐阜の五県を中心とする地域を「東海東山」と称したもので、この一帯が東日本と西日本の「中間帯」という地理的な特性をもっている。

要は、この東海東山地域の五県に共通する方言の性格が認められるということなのだが、さらに言うとこの地帯の山梨、長野、静岡の三県をその頭文字で略称してヤナシ方言地帯、岐阜、愛知の二県をギア方言地帯として区分することもある。

ヤナシ方言は、その地理的な特性からも本州東部方言（東日本方言）、ギア方言は同じくやや西に近づくことから本州西部方言（西日本方言）としての性格をもつものともされている。

いずれにしても、こうした東西中間帯に位置づけられる東海東山方言が、東西双方の文化の大きな影響のもとにありながらも、やはりこの地域はこの地域なりの特色ある言語文化を持っていたことはたしかであった。

これまで明らかにされてきた東海東山方言の最もよく知られる特徴の一つは、「ズ」「ズラ」「ラ」を文末に用いる語法上の特徴である。「行かず」「行くずら」「行くら」の言い方は、たとえば静岡県でも、「行かず」「行くずら」は中・高年層、「行くら」は若年層も含めて幅広く、それぞれにその用法は今も残されている。それはまた、長野県出身の島崎藤村がその代表作『夜明け前』や『破戒』の中で、そして山梨県出身の深沢七郎がのちに映画でも知られた『楢山節考』の中で、互いにそのふるさとの言葉（語法）として作中に用いた表現でもあった。

こういう語法上の特徴が、最も分かりやすい東海東山方言の特色ではあるが、それではことば（語彙）そのものの面ではこの地域に共通するどのような語があるのか、その指摘は今のところまだはっきりと語られているわけではない。それは、語彙の面での区画の設定には、分布の多様さや、統一性に欠けるという側面での難しさがあるからである。なにしろたくさんの語彙があるなかで、そのいちいちの語の分布を対照していく作業は容易なことではない。

さいわいなことに、今日では、全国の方言語彙を網羅した『日本方言大辞典』などの登場もあり、それらを丹念に見ていくことで、全国の語彙分布の大勢を知ることも可能となった。

ここでは、それらを検索しつつ、いわゆる東海東山地域にその分布が収まる範囲の語を抽出、その上で、東海東山方言を代表する語彙、あるいはヤナシ方言とも称される地帯の代表的な語彙を探ってみようと思う。

ただし、対象となった語は、静岡県内で一定の分布を見せる語彙（この基準は以降の章も同じ）を恣意的に選定したものであり、限定的なものである。

資料注・分布県中、静岡県のみ、伊（伊豆）、東（東部）、中（中部）、西（西部）と略記して県内の分布域を示した。静岡とのみあるのは全域。

語彙例

【アイク】（歩く）長野・静岡・愛知・岐阜
【アイソシー】（愛想が良い）長野・静岡・三重
【アズクミ】（あぐら）長野・静岡中・三重
【アテ】（山の上の方）長野・静岡中西
【アマッサイ】（雨の晴れ間）山梨・静岡東伊

【イグスリ】（いびき）山梨・静岡東伊
【イザル】（飯ざる）新潟・山梨・長野・静岡・岐阜
【イチラ】（まま・それきり）山梨・長野・静岡伊中
【イッカモナイ】（大したこともない）長野・静岡
【イッサラ】（少しも・まるで）山梨・長野・静岡伊中
【イト】（いとま・間）大島八丈島・山梨・長野・静岡
【イミゾ】（溝）静岡・愛知・岐阜
【インガ】（しょいこ）静岡中・愛知
【インブリカク】（すねる・ぷりぷり怒る）長野・静岡西・愛知北
【ウダ】（湿田・泥田）静岡西・愛知
【ウタリ】（湿地・沼地）山梨・長野・静岡
【エーカン】（いいかげん・かなり）埼玉・新潟・山梨・長野・静岡
【エテンボー】（猿）長野・静岡
【オクラブチ】（いろりの枠・炉縁）山梨・長野・静岡東中・岐阜
【オスンバー】（はにかみ屋）静岡中西・愛知
【オダイ】（金持ち・財産家）長野・静岡・愛知・岐阜・三重

【オタク】（嘔吐する）長野・静岡・愛知・岐阜
【オドロ】（切って葉を落とした竹の枝）山梨・長野・静岡
【オヒメサマ】（なめくじ）静岡西・愛知
【カーカーシー】（飢えてものを欲しがる）山梨・静岡中西
【カーチ】（代わり）群馬・山梨・長野・静岡
【カーバル】（こびり付く・乾いて張りつく）山梨・長野・静岡
【カジクル】（かく・ひっかく）新潟・山梨・長野・静岡
【カタナメシ】（片っ端から残らず）静岡中西・岐阜
【ガトーモナイ】（甚だしい・とてつもない）静岡中西・愛知
【ガンコー】（甚だしい・多大な）山梨・長野・静岡・岐阜
【カンダルイ】（だるい）伊豆諸島・山梨・静岡東中・三重・和歌山
【カンナゴ】（こおろぎ）長野・静岡西・愛知
【クジク】（木の枝を折る）長野・静岡東中
【クスグ】（刺す）山梨・長野・静岡・愛知
【クスベ】（ほくろ）大島・山梨・長野・静岡中西・愛知
【クマス】（こわす・くずす）長野・静岡中

【ケッコー】（すっかり・全部）長野・静岡中西・愛知・香川
【ゴ】（松の枯れ落ち葉）長野・静岡中西・愛知・岐阜・三重
【コーベッタイ】（口がうまい・弁舌が巧みだ）静岡西・愛知
【コキガワルイ】（悔しい・しゃくにさわる）山梨・静岡
【コズム】（沈殿する・沈む）山梨・長野・静岡東中・愛知・長崎対馬
【コッパル】（殴る）神奈川・新潟・長野・静岡・愛知・岐阜・佐賀
【ゴロッチョ】（ふくろう）長野・静岡東中・愛知
【コンキー】（大儀だ・疲れている）長野・静岡西・愛知
【コンボー】（子牛）山梨・長野・静岡・愛知
【ゴンボ】（でたらめ・出任せ）静岡西・愛知
【サラ】（～まま・ごと・ぐるみ）長野・静岡・愛知・長崎
【シャラッキタナイ】（汚い・汚らわしい）山梨・長野・静岡
【ショズクナル】（しゃがむ・うずくまる）静岡中西・愛知・三重
【ショズム】（つまむ）山梨・長野・静岡・愛知・三重
【スバル】（子供などがはにかむ）山梨・静岡中西・愛知北
【ズンズク】（ずんぐり）佐渡・山梨・静岡・高知

【ソメ】（かかし・鳥おどし）長野・静岡西・愛知・岐阜
【ソロス】（揃える）山梨・長野・静岡
【タル】（滝）長野・静岡・岐阜
【チョビチョビ】（ちょこちょこと差し出口をする）山梨・長野・静岡
【チンビー】（小さい）山梨・静岡・山口
【チンビキサイ・チンビクサイ】（小さい）静岡・愛知・岐阜・三重
【チンブリカク】（すねる・ふくれる）山梨・静岡
【ツッカラカス】（突き飛ばす）山梨・長野・静岡・愛知・岐阜
【ツツラゴ】（溶けない粉の固まり）長野・静岡中西
【ツボ】（たにし）新潟・山梨・長野・静岡・愛知・岐阜・三重・香川
【ツム】（指先でつねる）山梨・長野・静岡東伊・岐阜
【ドエル】（蒸し暑くなる・蒸す）長野・静岡中
【トーモ・トーモン】（広々と続く田）静岡中西・愛知
【トシノミ】（お返しの品・おうつり）静岡中西・愛知・奈良
【トビッチョ】（跳び越えられるような小溝）山梨・長野・静岡東中
【ナギ】（山などの崩れた所）東京多摩・山梨・長野・静岡中西・愛知

【ナムナイ・ナモナイ】（ばからしい・無益だ）長野・静岡中西
【ニギヤカイ】（にぎやかだ）長野・静岡・愛知・兵庫
【ニチャグル】（あいまいにする・ぼかす）神奈川・長野・静岡
【ネガル】（腐敗する・すえる）長野・静岡中西・愛知
【ネキ】（念入りな・ていねい）静岡西・愛知北
【ネグサル】（食物などが腐る）新潟・静岡・愛知・岐阜・三重・奈良
【ノンバメル】（のどにつかえる）三宅島・山梨・静岡
【ハス・ハソ】（くちばし）山梨・静岡
【ハダッテ】（わざと・わざわざ）神奈川・山梨・静岡・愛知
【バッチラガウ・バッチラガル】（奪い合う）山梨・長野・静岡
【バンゲシマ】（夕方・晩）静岡・愛知・岐阜・福井
【ヒガタ】（日向）山梨・静岡
【ヒキタ】（ひきがえる）山梨・長野・静岡中西・愛知・岐阜
【ヒナル】（叫ぶ・うなる）山梨・静岡
【ブチカール】（ひっくり返る・転ぶ）山梨・長野・静岡中西
【ブッサラウ】（打つ・殴る・たたく）山梨・静岡

【ブッチョーチル】（落ちる・落下する）山梨・静岡東伊・愛知
【フンガラカス】（踏みにじる・蹴る）新潟・山梨・長野・静岡・岐阜
【ベロ】（泥・土）新潟・長野・静岡西・愛知・岐阜・三重
【ボーラ】（竹かご）静岡中西・愛知北
【ホゴク】（帯などをほどく）山梨・長野・静岡
【ホツ】（峠・峰・尾根）長野・静岡中西・愛知
【ママイ】（しかたがない・なにとぞ）大島・神奈川・山梨・静岡中西
【ミガマシー】（勤勉だ・何でもよくできる）山梨・長野・静岡・愛知
【ミルイ】（柔らかい・未熟だ）岩手・山梨・長野・静岡・愛知
【メソメソドキ・メソメソジブン】（夕方）長野・静岡中西・愛知北
【メッタイ】（両手に物を貰った時の返礼の動作・言葉）静岡・愛知
【モジリ】（竹で編んだ漁具・うけ）神奈川・山梨・静岡
【ヤス】（正月の供物を盛り込む藁の容器）長野・静岡西
【ヤズカ】（石塚・石垣・垣根）長野・静岡中西・愛知北
【ヤブセッタイ】（うっとうしい・煩わしい）神奈川・山梨・長野・静岡東中
【ヨージヤ】（昼食と夕食の間の軽食）大島・神奈川・山梨・長野・静岡中西・高知

【ヨド】 (よだれ) 長野・静岡中西・愛知・岐阜・鳥取・長崎
【ヨロブ】 (傾く・よろける) 神奈川・山梨・長野・静岡東伊
【リシン】 (地震) 新潟・山梨・静岡・愛知・岐阜・三重・和歌山

以上、東海東山型方言と目される語を列記してみた。

これらの資料を通して知られるいくつかの注目点を次に記しておこう。

この東海東山型方言の中でも、静岡県と共通して分布する語を最も多く有するのは長野県で、次いで山梨県、愛知県が相半ばし、残る岐阜県はそれらの県に比べてかなり共通度は低くなっている。それはやはり、隣接する三県との地理的条件がもたらす当然の結果であり、「東海東山方言」と呼ばれるものの一つの実態でもある。

さらにその実態をよく見ると、静岡、長野を中央にして、東の山梨側、西の愛知側への共通度はほぼ拮抗していることが分かる。そしてこの拮抗関係こそがまさに東西中間帯としての静岡、長野の位置づけを決定する。

すなわち静岡県(長野県もだが)は、一方は本州東部(西関東)方言に連なる山梨方言との類似性、一方はギア方言とも称されて本州西部方言の影響も濃いとされる愛知方言との類似性を持つところで、いわば本州東部方言、西部方言の緩衝地帯とされる東海東山地域の中でも、それを代表し、象徴する地となっているのである。ただしこれは、静岡県方言を通して見た東海東山方言の枠の中での分析で、先に触れた「静岡は東か西か」といった視点への一つのヒントとしては、さらに拡大した東西の枠組みの中での分布の特徴を見ていく必要がある。

ところで、ここに分類した東海東山型方言の中から、その名称にふさわしい、すなわち東海東山方言を代表する言葉を探し出すとどうなるか。該当五県、もしくは四県程度に共通して分布するという条件のもとで探り当てたその主な語は次の通りである。

たとえば五県共通語の中では、ツッカラカス、四県共通語では、オダイ、オタク、ガンコー、クスグ、ゴ、コズム、ショズム、ナギ、フンガラカス、ミガマシー、ミルイ、といったあたりがそれらに該当し、かつ静岡県でも知られた語と言えそうである。

しかしこれらも、類語形、類義形を他地域に持たない基本語形に絞ってみれば、クスグ、ミガマシーの二語ぐらいとなる。むしろその点で注目されるのは、東海東山地域の二、三県を一群とするやや狭い範囲で分布する語の中にこそ、この地域の特徴ある語が見られるものと思われる。

そこで注目されるのが、いわゆるヤナシ方言と称されている、山梨、長野、静岡の三県にその特徴を共有する語彙である。これもまた、ヤナシ三県に共通の語、および山梨と静岡、長野と静岡といったそれぞれ二県の組み合わせのものまで含めると、この東海東山型方言の約半数になる。

そんな枠組みの中でのヤナシ方言の検出をしてみると、ここにはたしかに特徴的な基本語形がいくつかある。これもその主なものを取り出してみよう。

いわゆるヤナシ三県に共通（一部他県を含む）の語は、イト、カーバル、チョビチョビスル、トビッチョ、バッチラガウ、ヤブセッタイである。また、静岡と山梨か長野のどちらかで共通する語は、カーカーシー、コキガワルイ、チンブリカク、ブッサラウ、ノンバメル、ヒナル、といったあたりである。

こうして挙げてみると、東海東山型の四、五県に共通するものよりも、このヤナシ方言の範ちゅうに収まる三県二県といった小さな枠組みでの分布の方が、より特徴的で今日的な静岡方言として認識されている語を生み出していることが分かる。

一方、ヤナシ方言に対して、ナシア方言とも言うべき、長野、静岡に愛知を加えた地域に共通する分布をもつ語の中にも、注目すべきものがいくつかある。

このナシア方言（仮称）の三県分布には、インブリカク、コンキー、サラ、ネガル、ホツ、メソメソが、静岡、愛知の二県分布にも、オスンバー、トーモ、ネキ、ボーラ、メッタイなどの特徴ある語が見られている。

以上が、「しずおか方言」を通して見た「東海東山型方言」の実態である。

三、東日本型方言

東日本の方言を、本州東部方言とも言う。それは、北海道方言、東北方言、関東方言に、東海東山方言もしくはその東半分（ヤナシ方言）を加えたものとする説が有力である。つまり静岡県方言は、大局的には本州東部方言に位置づけられてきたが、ここでもその語彙面での具体的な検証はあまり試みられてはこなかった。

静岡県の方言として扱われている語の中で、どの程度の、どういった語が、東海東山地域を越えて東に西にとその分布（共有）が広がっているものなのか。とりあえずこの項では、関東圏、東北圏にも共通する分布を見せる、すなわち東日本型方言に属する語彙を摘出してその実態を眺める資料とした。

本当は、こうした広い分布を見ていく場合は、それぞれの地域（県）での分布域や使用の度合といったものが問題になるのだが、多くの語においてそこまで詳細に探るのは困難であり、静岡県においても分布の詳細が不明の語も数多い。

ここでは、前項同様に『日本方言大辞典』等を手がかりに、一部でもその使用が認められる（記録されている）県を含めて分布の痕跡を探り、それらを資料とする一つ一つの語の分布の範囲とその特徴を見ていきたい。

資料注・本項および次項の資料においては、県名を略称で記した。大半は県名の頭文字での標記だが、それが重複するいくつかの県については次の通りとした。

形（山形）・城（宮城）・福1（福島）・梨（山梨）・福2（福井）・阪（大阪）・媛（愛媛）・福3（福岡）・崎（長崎）

語彙例

【アカス】（教える・告げる）茨・千・神・新・梨・長・静
【アクト】（かかと）青・岩・城・秋・形・福1・群・新・梨・長・静・愛・岐
【アテコトモナイ】（途方もない）形・栃・群・埼・千・新・長・静・石・島
【アマサレル】（ふざける）岩・秋・大島・新・静
【アラク】（開墾地・開墾）青・岩・城・福1・茨・栃・群・埼・千・東・三宅・神・静
【アンニー】（兄）福1・栃・千・大島・三宅・長・静・愛
【イキレル】（むしあつい）福1・茨・栃・群・埼・千・新・梨・長・静・阪
【イジャ・イジャー】（行こう）青・形・長・静・愛
【イセキ】（跡取り・嗣子）埼・千・東・伊豆諸島・神・梨・静
【イッスイキ】（一周忌）埼・東・神・梨・長・静

【イッツカ】（先頃）青・静・愛・岐
【イマット】（もっと・もう少し）北・岩・城・形・福1・茨・栃・群・埼・新・梨・長・静
【インダラ】（男女間でだらしがない）東・大島・新・神・静
【ウシ】（稲架）茨・東・神・長・静
【ウシンベー】（牛）栃・神・梨・長・静
【ウッチャル】（捨てる）福1・茨・栃・群・埼・千・東・利島・神・梨・長・静・富
【ウナウ】（田畑を耕す）形・福1・茨・栃・群・埼・千・東・神・新・梨・長・静・岐
【ウラッポ】（梢・茎や葉の先端）茨・埼・東・新・静・愛・岐・島
【ウンダラガキ】（熟しきった柿）栃・群・埼・静・和
【エゴイ】（あくがある）形・城・茨・埼・神・新・長・静・愛・岐・福2
【エム】（果実などが熟す・はぜる）城・形・福1・茨・栃・群・埼・千・東・神・新・梨・長・静・愛・岐・京
【オーマクライ】（大食い）青・岩・城・秋・形・群・埼・東・神・新・梨・長・静
【オーヤ】（本家）青・岩・形・埼・神・新・梨・長・静・岐・沖
【オシラサマ】（蚕を守る神）群・埼・東・梨・静
【オッカナイ】（恐ろしい）青・岩・秋・城・形・福1・茨・栃・千・群・埼・東・神・新・

梨・長・静
【オッコチル】（落ちる）福1・茨・栃・群・埼・千・東・大島・神・新・梨・長・静
【オッペショル】（へし折る）茨・栃・群・埼・千・新・梨・長・静
【オテンタラ】（へつらうこと）群・埼・東・神・梨・長・静・愛
【オバンシ】（炊事・炊事婦）栃・群・埼・東・神・梨・長・静
【オヒャラカス】（冷やかす）形・福1・茨・栃・群・埼・神・新・梨・長・静・愛・岐
【オモッセ】（大晦日）茨・神・梨・長・静
【オヤス】（だめにする・汚す）形・埼・栃・東・神・梨・長・静
【オロヌク】（間引く）城・形・福1・茨・群・埼・東・大島・神・梨・長・静
【オンジョ】（やんま・鬼やんま）千・神・静・島
【カエロッパ】（おおばこ）福1・茨・栃・埼・静・鹿
【カガミッチョ】（とかげ）埼・千・東・大島・神・梨・長・静
【カゲンボチ】（影法師）栃・群・埼・長・静
【ガシン】（よく働くさま・勤勉）青・城・千・長・静
【カテル】（仲間に加える）北・青・岩・秋・群・埼・東・大島・神・新・梨・長・静・福2・香・崎・熊・鹿

【ガトー】（多いさま・たいへん）新・神・梨・長・静・愛・三・媛・大島
【ガライ・ガラリ】（つい・うっかり）福1・群・神・新・静
【カンダチ】（雷）秋・形・福1・茨・群・千・神・梨・長・静
【ガンダメシ】（芯のあるご飯）福1・茨・千・三宅・静
【ガンマメ】（そら豆）茨・千・東・静・三
【キケル・ケケル】（載せる）城・茨・東・大島・神・梨・静
【キシャゴ】（おはじき）栃・群・埼・梨・長・静・媛
【ギッチョ】（きりぎりす）茨・群・千・長・静・愛・岐・兵
【グシャ】（泥道・ぬかるみ）形・新・梨・長・静
【クソヘビ】（まむし）青・岩・秋・形・福1・茨・大島・長・静・愛
【クム】（崩れる）千・東・大島・神・梨・長・静・愛
【クロコブシ】（くるぶし）青・秋・城・静・愛・岐
【ゲーモナイ】（役にも立たない・くだらない）福1・茨・栃・群・埼・千・東・神・新・梨・長・静・京
【ゲス】（下肥・人糞）青・秋・形・茨・栃・千・東・神・新・梨・長・静・愛・岐・富・兵・島

【コーデ】（手首の痛み）群・埼・東・神・長・静
【コケ・コケラ】（うろこ）青・城・形・福1・茨・栃・群・埼・東・新・梨・長・静・愛・香
【コサ】（木陰）福1・茨・栃・群・埼・千・東・神・梨・長・静
【コソクル】（修繕する）城・神・梨・長・静・熊・鹿
【ゴッチョー】（めんどう・骨が折れる）神・大島・梨・静
【コビツク】（焦げつく）青・形・栃・新・梨・長・静・愛・三・香
【サガ】（北西風）千・伊豆諸島・神・静
【サク】（畔・うね）栃・千・群・東・神・梨・長・静
【サッサクサ】（そそっかしいさま・軽率）茨・静
【サバク】（裂く・破る）秋・形・群・伊豆諸島・新・梨・長・静
【ジチナイ】（だらしない・締まりがない）東・神・梨・静
【シッパネ】（すそに跳ね上がった泥）北・青・岩・城・形・福1・栃・群・埼・三宅・御蔵・新・梨・静・岐
【シナクレル】（しおれる・しなびる）群・東・神・新・梨・長・静
【シノハチ】（すり鉢）茨・長・静
【シャッツラ】（人の顔をののしって言う語）福1・群・埼・東・梨・長・静

【シャッツラニクイ】（憎らしい）千・神・静
【シャラッカマワナイ】（全然かまわない・放っておく）神・梨・長・静
【ショイコ】（荷物を背負う時の木の枠）群・栃・埼・梨・静
【ジョーグチ】（屋敷の出入口）形・城・福1・大島・新島・神・新・梨・静・富・沖
【ジョケル】（ふざける・戯れる）群・埼・梨・長・静
【ショッパイ】（塩辛い）北・青・岩・秋・形・城・福1・茨・栃・千・埼・群・東・神・新・梨・長・静
【ショビク】（引っ張る）茨・千・神・静
【シントー】（木や果物などの芯）栃・群・埼・神・新・長・静
【ズクナシ】（おくびょう者・意気地なし）青・岩・秋・形・群・新・梨・静
【ズダイ・ズデー】（少しも）青・群・新・梨・長・静・愛・岐
【スッポー】（筒袖）城・福1・栃・群・八丈・新・長・静・愛・大
【ステキモナイ】（途方もない・非常に良い）栃・茨・新・静
【ズナイ】（大きい）城・形・福1・茨・栃・群・千・神・新・梨・長・静・三
【スナハチ】（すり鉢）栃・茨・長・静
【セギ】（溝・小川・用水路）青・岩・形・神・新・梨・長・静・愛

【センボ・センボー】（風呂などの栓）千・静
【ソラ】（虚言・うそ）栃・埼・長・静
【ゾンザエル・ゾンゼール】（ふざける）栃・埼・梨・長・静
【タッペー】（霜柱）群・千・神・静
【タワランバシ】（桟俵）埼・静
【チー】（にきび）茨・千・静
【チチンボ】（ありじごく）栃・梨・静
【チックイ】（小さい）神・新・梨・長・静
【デホ・デホー】（でまかせ・でたらめ）形・福1・群・梨・長・静・愛・岐・兵
【テンガケ】（はじめ・はじめから）埼・新・静
【ドーシニ】（一緒に・共に）茨・千・八丈・静
【トーネ】（その年に生まれた子馬）福1・茨・栃・群・東・新・梨・長・静
【トカサ】（とさか・鶏冠）福1・新・長・静
【トジクル】（かがる・繕う）城・神・新・梨・長・静
【トビックラ】（競走・駆けっこ）群・東・三宅・御蔵・神・新・梨・長・静
【トボグチ】（玄関・戸口）福1・茨・栃・埼・千・新・長・静

【ドンズキ】（ぶらんこ）形・栃・群・静
【ナエマ】（苗代）栃・群・埼・千・新・梨・長・静
【ナゴ】（霧）福1・栃・神・梨・静・愛
【ナブサ】（青大将）青・岩・長・静・愛・島
【ナンカ・ナンカチ】（いたずら・きかん坊）栃・群・埼・新・長・静
【ニーシー】（新しい）青・岩・栃・千・東・伊豆諸島・神・新・梨・長・静・鹿
【ノーヤスミ】（田植え終了後の村全体の休日）群・埼・新・長・静
【ノセ】（傾斜・坂・緩傾斜地）岩・秋・新・長・静・岐・島
【ノッキッテ】（思い切って）神・静
【ノデ】（ぞんざい・だらしない）茨・千・静
【ハシン】（針仕事）青・岩・秋・形・茨・栃・群・新・梨・長・静・佐
【ハナル・ハナール】（始まる）形・群・三宅・御蔵・新・梨・長・静
【バンタビ】（度ごと・その都度）岩・城・東・神・梨・静
【ハンデ・ハンデー】（稲架・稲むら）群・梨・静
【ヒジロ】（いろり）埼・千・東・神・梨・長・静
【ヒッポカス】（捨てる・投げる）形・新・静・愛

【ヒネジーサン】（曽祖父）群・埼・神・静
【ヒョーグル】（液体が噴出する）栃・群・埼・千・東・神・静
【フクベ】（ひょうたん・器）青・岩・城・形・福1・新・梨・静・愛・岐・富
【ブショッタイ】（不潔だ・だらしない）東・神・静
【フルシー】（古い）岩・秋・形・群・埼・神・伊豆諸島・新・梨・長・静・岐・富・石
【ヘービ】（蛇）岩・千・埼・神・梨・長・静・富
【ヘスビ】（鍋墨）青・城・神・静
【ホキダス】（吐き出す）岩・城・形・福1・茨・栃・群・埼・千・東・神・新・梨・長・静
【ボサッカブ】（雑木の茂み・やぶ）福1・茨・埼・千・東・神・静
【ホセリ】（台所）茨・千・静
【ホッチ・ボッチ】（柿などのへた）茨・新・長・静
【ボナク】（泣く・泣き叫ぶ）福1・神・梨・静・大
【ボナル】（泣く・叫ぶ・うなる）形・栃・茨・新・静
【ママ】（土手・堤）形・福1・茨・群・埼・千・三宅・御蔵・神・新・長・静
【マミアイ】（まゆ毛）埼・三宅・神・梨・長・静
【マメッタイ】（まめに働く・達者だ）埼・伊豆諸島・神・梨・長・静

【マンガアライ】（田植えや種まき終了の祝い）群・千・東・神・長・静
【ミグサイ】（醜い・みっともない）青・岩・城・秋・形・福1・茨・千・新・梨・長・静・愛
【ミズライ】（醜い・みっともない）栃・大島・静
【ムカサル・ムカーサル】（嫁入りする・嫁ぐ）城・形・梨・長・静
【ムギマキドリ】（せきれい）福1・茨・千・神・静・愛
【ムジ】（全く・少しも）青・形・静・愛・福2
【メソ】（鰻の子）茨・栃・群・埼・千・東・神・静・愛・岐
【メド】（穴・小さい穴）岩・城・形・福1・茨・栃・群・埼・千・東・神・大島・新・梨・長・静・三・山・媛
【メラ・メーラ】（泣き虫）岩・秋・長・静・熊
【モシキ】（たきぎ）岩・栃・群・千・東・神・伊豆諸島・梨・長・静
【モモネ】（股・もも）福1・栃・利島・長・静・愛・岐・大
【ヤセウマ】（しょいこ）北・青・岩・秋・形・福1・神・新・梨・静
【ヤツ】（谷）茨・千・東・神・静
【ヤッキリスル】（腹を立てる・嫌になる）埼・神・静・愛
【ヤッケー】（柔らかい）福1・茨・栃・群・埼・千・神・梨・長・静

【ヤノアサッテ】（明明明後日）岩・城・形・埼・千・東・神・新・長・静・島
【ヨーセー】（弱々しい・きゃしゃだ）茨・群・埼・千・長・静
【ヨサル】（集まる・寄り集まる）岩・形・千・利島・八丈・長・静

以上、「しずおか方言」において、「東日本型方言」として分類される語を列記してきた。こうして並べてみると、中には早くから東国語、関東方言として指摘されてきたものも含まれており、一方、その分布域の狭さから、それを本州東部方言の系列に置くべきか否かに問題のある語もある。そうした語については、類似語形の分布などを加えてその判断を下したものである。

全体を通観してまず気が付くことは、「しずおか方言」として取り上げたこれらの語のおよそ七割までが、前項に見てきたヤナシ方言地域に共通した分布を見せることである。こうした、ヤナシ方言地帯における多くの語の東日本各地との分布の共通性が、いわゆる「ヤナシ方言」の本州東部方言としての位置づけにも大きくかかわっているものと思われる。

さらにもう一点、東日本との連続性をもつこれらの語彙の多く（約七割）が、静岡県を西限としてその分布がとどまることにも気付かされる。この点に関して、誤解を避けるために述べておくと、意識してそうした「静岡止まり」の語をここに集めたというわけではない。東日本に分布の広がりをもつ「しずおか方言」を、前述の基準のもとに拾い出してみた中で、あくまで結果として現れ出た一つの特徴点なのである。

それはすなわち、本州東部方言の静岡県止まり、いわば西限地帯としての静岡県の位置づけとなる。この顕著な現象は、東西中間帯の方言特性を探るというテーマにあっては大きな意味をもつ。その意味については、次項での本州西部方言と「しずおか方言」とのかかわりを見た上であらためて考えてみたいと思う。

以上に指摘の点などに関して、ここでも少し具体的な事例（語例）をあげて見ておこう。

たとえば、近世期にわが国初の全国方言集として刊行された『物類称呼』が取り上げる語彙中、「東国にて」とあるコサ、マミアイ、ドーシニ、「関東にて」とあるジョケル、「上総、信濃にて」とあるママ、「駿河辺より武蔵近国にて」とあるオッカナイなど、いずれの語彙もここでの資料上では静岡県への分布がその西限となっている。

ほかにも、東国語として知られたガラ・ガラリ系のガライや、ショッパイ、東北ではヤチとも言うヤツ、関東語ともされるオッコチルなど、これらも本州東部方言の静岡県止まり（西限）の格好の例となっている。

なお、ショッパイは静岡県全域に分布するが、中部、西部ではションバイの用法も併存し、ションバイは他県に例のない語形である。オッカナイも同じく全域使用の語だが、西部にはオソガイなどの言い方もあり、オソガイは愛知、岐阜、三重などの東海地域の語でもある。こうした点もまた、東西中間帯なるがゆえに生じる特徴的なあり方として注目される点である。

四、西日本型方言

西日本の方言は、本州西部方言、すなわち近畿、北陸、中国、四国方言と、九州方言とからなる。ここで言う「西日本型方言」の分類には、それらの全体、もしくはいずれかの地域に分布の共通性をもつ語彙を収めてある。

それがどれくらいの数になるのかは並べてみてのことなのだが、「静岡は東か西か」といった命題の上からは、前項に見た「東日本型方言」との対比（比率）はやはり関心をひく点である。

先年、静岡市の藁科川沿いの地で行った方言調査の折に、そこではギョーサン、オーキニといったことばを使う点に、この地独特の歴史的な由緒（京都との関連）を語る地元の人もいた。

だが、調べてみればギョーサンは静岡県の中部、西部に広く分布し、オーキニも各地で使われる（オーキニは東日本にも広い）。たしかに、いずれも一般的には関西方面（京言葉など）の代表的な語として私たちに認識されており、それが静岡で使われることには異和感を覚えてもおかしくはない。そこに、京、大阪といった古都との結び付きを説く地域特有の歴史説話が生まれてくる下地がある。

ギョーサン、オーキニならずとも、そうした関西（西日本）方言がどの程度静岡のことばの中に入り込んでいるのか、その実態を見る資料に当たってみるのも意味あることかと思われる。

語彙例

【アズル】（飽きる・ためらう・焦る）新・静・福2・兵・島・岡
【アマ】（いろり上方の棚）長・静・岐・石・福2・島・徳・崎
【イグラモチ】（もぐら）長・静・愛・山・大
【イノク】（動く）大島・新・静・愛・岐・三・富・福2・阪・兵・香
【エギ】（魚のえら）静・愛・三・和・高・宮
【エライ】（骨が折れる・疲れる）岩・長・静・愛・岐・三・石・福2・滋・京・阪・兵・奈・和・鳥・島・岡・広・山・徳・香・媛・宮
【オーゴ】（長男・長子）静・島・広・大
【オゴク】（神仏への供物）静・兵・奈・徳・媛
【オトゴ】（末子）新・長・静・愛・岐・三・富・福2・京・阪・兵・奈・和・島・岡・広・山・徳・香・媛・高・福3・崎・熊・大
【オトマシー】（うるさい・ものうい）静・三・福2・阪・奈・兵・岡・広・香・徳・崎
【オトンボ】（末子）長・静・三・京・阪・兵・奈・和・島・岡・広・山・香・媛・高・崎

【オナメ】（雄牛）長・静・愛・岐・三・京・兵・奈・和・島・岡・徳・香・媛・崎・熊・大・宮・鹿
【オバネ】（山の峰・尾根）静・熊・大・宮
【カコクサイ】（焦げ臭い・きな臭い）長・静・愛・岐・三・奈・島
【カタグ】（傾く）長・静・三・滋・岡・媛
【カタクマ】（肩車）城・静・岐・三・福2・滋・京・阪・兵・奈・和・鳥・島・岡・徳・香・媛・高・福3・大
【カネゴエ】（金銭で購入する肥料）静・鳥・香
【カラスノヨダレ・カラスノヨド】（かまきりの卵）静・岐・島・広・岡
【キッサリ】（さっぱり・きっぱり）新・静・京・兵
【キナイ・キーナイ】（黄色い）静・愛・岐・富・石・京・徳・媛・崎・大・宮・熊・福3
【ギョーサン】（多い・たくさん）形・新・長・静・愛・岐・三・石・福2・滋・阪・京・兵・奈・和・鳥・島・岡・広・山・徳・香・媛・高・崎・熊・大・宮
【キョーラ】（近ごろ・この節）静・和・香
【クルー】（ふざける・戯れる）長・静・岐・山・徳・香
【ケッコイ】（美しい・きれいだ）静・愛・香・媛

【ゴアサッテ】（あさっての次の次の日）梨・静・愛・岐・三・阪・兵・奈・岡・広・山・徳・香・媛・高・佐・崎・熊・大・鹿
【ゴーガワク】（業を煮やす・怒る）梨・長・静・愛・三・富・石・福2・滋・兵・鳥・島・岡・山・徳・香・福3・大
【コケル】（転ぶ・倒れる）新・梨・長・静・愛・岐・三・福2・滋・京・阪・兵・奈・和・鳥・島・岡・広・山・徳・香・媛・高・崎・福3・熊・大・宮
【サライ】（底が浅い）静・岐・高・崎・熊
【シタベラ】（舌）新・静・愛・岐・富・石
【ジルイ・ジュルイ】（柔らかい・ぬかるみ）静・愛・岐・三・滋・京・阪・兵・和・島・広・山・徳・香・媛・崎・熊・大
【スイ】（酸っぱい）静・岐・阪・奈・和・香・媛・高・鹿
【スッチョーナイ】（愛想がない・そっけない）梨・静・和・福
【セーサイ】（せいぜい・やっと）静・岐・三・京・阪・兵・和・鳥・島・岡・媛
【センショー】（差し出がましい・おせっかい）長・静・愛・広・岡・媛
【ダン】（山中の平坦な所）静・鳥・岡・鹿
【チミキル】（爪で強くつまむ・つねる）静・愛・岡・山・香

【テヨキ】（手おの）静・兵・広・大・宮・鹿
【テンコ】（頂上・てっぺん）新・静・岐・富・石・和・鳥・島・徳・香・媛
【ドベ】（最下位・びり）長・静・愛・岐・三・福2・兵・奈・鳥・島・岡・広・山・香・媛・福3・熊・大
【ドンキュー】（どじょう）静・鳥・島・岡・広・香・媛
【ナル】（稲架の横木）長・静・愛・兵・和・岡・山
【ニオウ】（苦しくてうなる・呻吟する）静・愛・滋・岡・山・徳・媛
【ニスイ】（鈍い・おろかだ）長・静・愛・岐・三・滋・奈・和
【ニナイボー】（天びん棒）静・岐・三・福2・京・兵・島・岡・香・熊・鹿
【ネキ】（そば・傍・際）新・梨・長・静・愛・岐・三・富・福2・滋・京・阪・兵・奈・和・鳥・島・岡・広・山・徳・香・媛・高・崎・福3・大・熊・宮・鹿
【ノス】（登る）神・大島・梨・長・静・和・島・岡
【バチナル】（怒る・怒って不平を言い散らす）静・和
【ハブ・ハブシ】（仲間外れ）静・島
【ヒー】（体力・精力）長・静・愛・滋・山・福3
【ヒートイ】（一日・一日中）長・静・愛・三・媛・高

【ヒサシカブリ】（久しぶり）静・岐・三・媛・高・宮
【ヒョコタン】（ひょうたん・ひさご）群・静・愛・岐・京・阪・奈・和・香
【ビリ】（鰻の稚魚）静・愛・三・和・岡
【フキッボ】（火吹き竹）静・愛・京
【フクガエル】（ひきがえる）新・静・岐・三・福2・滋・京・阪・兵・奈
【ヘサエル】（押さえる・押しつける）静・岐・三・福2・滋・京・阪・兵・奈・和・鳥・島・岡・徳
【ベト】（泥・土）新・長・静・愛・岐・三・石・福2・奈・鳥・媛
【ベニサシユビ】（薬指）新・静・愛・岐・三・京・阪・和・島・岡・広・山・徳・香・媛・高・熊・大
【ホゲ】（湯気）静・京・宮
【ボタ】（土手・堤防）静・愛・岐・媛
【ボッコ】（ぼろ布・ぼろ着物）神・梨・愛・岐・三・滋・阪
【ボボケル】（布・紙がけばだつ・そそける）新・静・愛・三・阪・兵・奈
【ミゴトイ・ミゴテー】（美しい・きれい）三宅・御蔵・静・広・宮・鹿
【メタタキ】（まばたき）静・岐・島・山・香・福3・崎・熊・大

【メンパ・メンパチ】（めだか）静・愛・三・和・島・岡
【モーヤ・モーヤン】（子守）静・岐・岡・広・山・香・媛・大
【モジク】（果実などを枝から取る）千・利島・静・三・島・岡・山・徳・香・媛
【ヤカ】（もろくて弱い）長・静・愛・三・滋・京・兵・和・徳
【ヤグイ】（もろい・粗末だ）長・静・愛・岐・三・滋・京
【ヤトイド】（雇い人・日雇い人）静・岐・富・京・阪・奈・広・山・香・媛・崎・熊
【ヤリキッテ】（熱心に・一生懸命に）静・富・島
【ヨイタンボ】（酒に酔った人・泥酔）静・岐・三・兵・和・島・広・香・媛
【ヨドカケ】（よだれ掛け）長・静・愛・岐・鳥・媛
【ヨトリ】（跡取り・相続人）群・静・三・滋・京・兵・熊・大・宮
【ランゴク】（乱雑にしておく）長・静・愛・和・島・媛
【ワガデニ・アガデニ】（ひとりでに・おのずから）静・和・島・徳・媛

以上が、西日本型方言として私が位置づけた「しずおか方言」語彙である。確実な基準のもとでの分類とは言い難い面もあるが、その数七十余語は、前項の東日本型方言に分類した語彙群の約半数である。

実は、この二対一となる東と西の対比を通して、「しずおか方言」の東日本的性格の優位性が見てとれる。それは、「静岡は東か西か」の命題に大きな影響を与える言語分布のありようと言ってよい。

さらには、ここでもまた、これら西日本型方言の分布のさまからうかがえる静岡県止まりの現象、いわば静岡県が西日本方言の東限地帯という特徴が少なからず示されている。東日本型方言同様、東海東山方言の中でも最も静岡県と共有性の高い長野県を加えてこの東限現象を見ると、その数は全体の約七割となり、それは東日本型方言の場合とほぼ同じ比率を示すものでもある。

これらのことは、東西方言の移行地帯としての静岡県の位置づけに大きく作用する。すなわち、東西方言対立の分岐点として、静岡県がその中枢の役どころを担っていたことが、こうした語彙分布の分析からは考えられる点なのである。

ここではもう一点、この西日本型方言の静岡県内における分布のありようを見ると、意外なことに西部（遠州）地域にのみとどまるのは稀で、そのほとんどは広域、もしくは中・西部や中部に分布している点も注目すべき実態である。

最後に、その特徴の一つである西日本型方言の東限現象を、ここでも具体的な語彙の事例を通して見ておこう。

たとえば、キナイ（キーナイ）は、九州、四国、北陸から東海にまで分布し、静岡県の全域に分布するのがその東限である。先にも見た『物類称呼』の指摘する関西方言「しるい」の類型ジルイ・ジュルイも、九州から東海にまで及ぶその分布が、やはり静岡県の全域あたりでその姿を消す。また、同書がこれも的確に指摘した「京にてカンコクサシ」「尾張、遠江辺にてカコクサイ」も、おおよそ静岡県の富士川までの地域を東限とする。

その他、コケル、ネキ、ヘサエルといった西日本全体に用いる語も、いわゆるヤナシ地域が東への分布の限界となっている。ギョーサンなども、資料で見る限り、やはりこのあたりまでがこの語の勢力圏であったようである。そうして、ギョーサンモナイ（静岡県と島根県）というこの語の強調形までが、さらりと日常会話に溶け込んでいる（主に西部で）あたりに、静岡県の言語受容の柔軟さをかいま見るおもいがする。

第二章　「しずおか方言」慣用表現

この章に取り上げる方言の「慣用表現」とは、それぞれの人たちの日常会話の中でしばしば使われてきた非常に特徴的な方言形による表現のことである。

どこが、どういうふうに特徴的なのかは、これからいちいちの語句の中で見ていくが、たとえばその慣用用法が全国的に見て大変珍しいものの言い方であったり、あるいは共通語に近い表現ではあっても、その使用法や使用程度にかなり目立つ点があるといったことなどである。

一例をあげれば、静岡県では広く(伊豆から遠州中部あたりまで)用いられるソノイトニの言い方は、イトという語の珍しさもあって、近世以来注目(後述)されてきた慣用句法の一つである。会合などに遅れる人があれば、「そのいとに来るら」と言って待つのがこの地域(静岡県)の人たちである。

やはり県下に広いソラッツカウの言い方も、共通語(「空を使う」)として辞書にもあるとはいうものの、極めて身近なものの言い方としてこの語句を口にするという点では、これも静岡県の特徴的な慣用用法として取り上げてもよいだろう。

特徴的な語法(文法用法)を含む慣用句は、当然ながら地方色豊かな表現になる。静岡県の西部で聞かれるコタエサランは、地元名産ウナギに舌鼓を打ちつつ発せられる言い方でもある。方言用法サランの語法(後述)がいっそうの親しみを感じさせており、それがこの言い方を慣用的なものにした要因だろう。

方言特有の音韻（発音）面での特徴も、たやすく口をついて出る慣用表現に少なからず作用する。「何しろ」がナンショーとなるのが静岡県の発音形（訛語形）で、そこからナンショーカンショーという句形が生まれて身近な用法となっているのがその例である。

このほか、さまざまな点での特徴をもつ慣用表現をここに取り上げた。語形のおもしろさや意味用法の上で特色ある表現、あるいはメッパイオキやネータラカーズのような、表現のユニークさがうかがえるものもある。

中には、句形以外の単語形熟語形の語も、それぞれの地域での慣用表現にかかわるものとして入れてある。

慣用句・慣用語彙例

【アーユータニ】（あのように）○「こっちもあーゆーたにやれば失敗しないら」○伊豆、東部、中部（東）○コーイタニ（こういうように）、コンナタニ（こんなように）の使い方も。タニは「ように、如く」の意の接尾語で、他県にはほとんど見られない独特の用法（山梨の一部に分布）。「ように」の意で、ヨータニ、ヨータナを使った表現もあり、伊豆・東部を中心とする代表的な慣用表現。

【アイガナスキガナ】（絶え間なく・いつも）○「あいがなすきがな同じこんを繰り返してる」

○西部○アイは「間」、スキは「隙」で、近世語の「ま（間）がなすき（隙）がな」（いつも・ひっきりなしに）と同じ用法。特定しない「間」なり「隙」なりの意から（『日本国語大辞典』）という。三重県でも言う。

【アイハッタモンジャーナイ】（勘定に合わない・割りに合わない・損がいく）○「てんだって（手伝って）やったに文句を言われたじゃーあいはったもんじゃーない」○中部、西部（中遠）○井川、掛川ではアイハテタモンジャーナイとも言う。「相果つ」は「果つ（はつ）」の改まった言い方で、「終わる」の意。「このままでは終われたもんじゃない」の気持を言ったものか。静岡県のみの用例。

【アオションビレル】（青ざめる・意気消沈する）○「彼は大事な物をなくしてあおしょんびれてる」○伊豆、中部（東）○アオシャブレルが愛知や和歌山に、アオシャンブレルが長野にある。元気がなく縮こまることを「しょびれる」と言うが、アオションビレルの方がその度合を深めた言い方で実感がこもる。

【アケハンドー】（戸や窓が開けっ放し・広く開いているさま・開放的なこと）○「あの家はあけはんどーで不用心だなー」○中部、西部○中遠地方でアッパカサー、アッパースー、西遠地方でアキドーカイ、アケドーカイとも言う。アケハンドーは「開け放ち戸」のことか。

【アシラーナイ】（平然としている・構わない・気にしない）○「あの衆はいくら注意してもあ

しらーない連中だ」○伊豆○「あしらわない」すなわち応対しないやや図々しい様子などに言う。西伊豆方面で。

【アタースル】（仕返しする・復讐する）○「いきなりあたーするなんてよかーないよ」○伊豆、東部、中部（東）○アターシルとも。アターは「仇」で「復讐、意趣返し」の意。焼津で「悪戯する」、富士で「反抗する」の意も。京都でアタンショルと言う。

【アダジャーナイ】（容易ではない）○「簡単に見えるけんどあだじゃーにゃー仕事だよ」○伊豆、中部（東）○「あだ（徒）」は「無駄なさま」、転じて「容易なさま」に用いるが、その場合は下に打ち消しの表現を伴って用いる。長野などでも。

【アッラサル】　第一章参照。

【アテコトモナイ】（たいへん・とんでもない・当てにもならない）○「あてこともない話をしていつも人を困らせるだよ」○県○「あてこと（当事）」は頼みにすること、当てにすること。その否定形で「見込みはずれだ」の意から。アテコターナイは「当てにならない、でたらめ、とんでもない」の意が強い。中部（静岡、藤枝など）で「途方もなく多い、たくさんだ」の意。

【アラスカ】（あるもんか・あるはずがない）○「あの人が負けるなんて、そんなこたーあらすか」○県○アラスの「ス」は推量の助動詞ズの音変化。それに疑問のカを加えた反語用法。「（そんなこたー）知らすか」「（誰が）行かすか」などとよく使われる。ただし「（一緒に）行かすか」という意志用法もある。アラスカは反語用法のみ。東海東山方言の特徴的表現。

【アンジャナイ】（心配ない）○「そりゃーはー（もう）終わったこんだであんじゃないよ」○中部、西部○「案じはない」のこと。「あんじ（案）」は「心配」の意で関東、中部圏などに使われている。アンジャナイはそれらの地域で。

【アンダラグチヲタタク】（無駄口をたたく・冗談を言う）○「あんだらぐちたたいてばっかでちっとも仕事がはかどらん」○中部、西部○アンダラは近畿地方で「愚か・まぬけ」のことだが、この場合は「とりとめもない無駄話」（愛知・広島・香川でも）。香川でアンダラコクと言うのと同じ。

【アンニャモンニャ】（あやふや・わけの分からぬこと）○「何だかあんにゃもんにゃでさっぱし分からない」○伊豆、中部○関東その他で得体の知れない巨木、珍木をナンジャモンジャ、アンニャモンニャと言う。ただし、静岡ではこのアンニャモンニャの用法のみ。

【アンニョーミョー】（あれを見よ・あれをごらん）○「あんにょーみょー、いっかい魚だー」○中部○アンニョーは「あれを」の転訛。アンニョーだけで、「なるほど、誠に」といった用法（焼津）もある。

【アンバラヤム】（食当たりをする・食べ過ぎて腹痛を起こす）○「あんまし食うとあんばらやむんて気をつけれ」○伊豆、東部、中部○アンバラヲヤムとも。アンバラの言い方は他県にもなく語義（アンの）不詳。「腹」の強調語形か。

【アンビージャ】（遊びに行こう）○「あとで町へ一緒にあんびーじゃー」○西部○「遊び」をアンビ・アンベ（幼児語・『遠州方言集』）と言い、「行こう」をイジャーと言う遠州ならではの表現法。

【アンマシモナイ】 第一章アンマシナイ参照。

【イクカーリ】（幾度・何回）○「いくかーりも探いてやっとめっけただよ」○伊豆、中部○イクカワリ、イクカーリ、イクカーイが伊豆諸島にある。大井川最上流部の井川、本川根でもイクカーリ。平安語「いくかえり（幾返り）」の名残りか。沖縄でもイクケーンと言うのも注目される。

【イジガヤケル】（世話がやける・手がかかる・気をもむ）○「どこにいてもいじがやける人だ」○伊豆○イジガヤケルは関東で「気をもむ、腹立たしく思う」の用法が目立つ。イジヲヤク（世話をやく）とも言うが、これは長野でも。

【イジャー】（行こう・おいで）○「あんたっちも一緒に祭りにいじゃー」○中部（西）、西部○大井川以西に分布、遠州が本場の言い方。ただし、近世の『駿国雑志』に「イジャテユカズ」とあるのもこのイジャか。「こちらへイジャー」と言う「おいで」の用法もある。隣県長野、愛知や東北でも言う。

【イチンチガヒョーラク】（一日中・朝から晩まで）○「たんだ一人でいちんちひょーらく駆け

回ってた」○中部○富士川以東ではイチンチヒガサラが多い。ヒョーラクは「ただよいさまよう」意の古語。ヒートイ、ヒーテーも「一日中、終日」の意で広く用いる。第五章参照。

【イッカモナイ】（大したこともない・なんともない）○「こんな苦労はいっかもないこんだ」○西部（北遠）○『全国方言集』には「平気ダト云フ事　北遠地方」とある。「はんるかぶりだがいっかもないか」と水窪の唄にある。イッカは「一荷」でかなりの量の荷や仕事を言い、ナイは否定。長野南部でもイッケモモナイと言う。

【イッソノクサリ】（いっそのこと・むしろ思い切って）○「そんなに言うだらいっそのくさりやめるベー」○伊豆、中部○駿府出身十返舎一九の『東海道中膝栗毛』（以下、『膝栗毛』と表記）に「いっそのくされ」とある。クサリ、クサレは「腐り」を用いて投げやりな気分を含む「いっそのこと」とする。イッソノカー（「いっその皮」）も同じ意で用いる。イッソノクサリは茨城でも、イッソノカーは富山、高知でも。

【イッツカ】（とっくに・早く・以前）○「いっつか終わったことだんではーそれで良いにしまいか」○中部、西部○「昔、以前」の意でイママイの言い方（岡部、本川根）もある。イッツカは愛知、岐阜などでも「とっくに」の意で。

【イマタンデヤマ】（ただいま・たった今）○「あの子はいまたんでやま出かけたとこだ」○伊豆○外出から帰った際の「ただいま」にも「今し方」の場合にも言う。イマタンデー（静岡市）は

「たった今」の意で、新潟（佐渡）のイマタッテモが類例。

【イヤダクナル】（嫌になる）○「もめごと続きでいやだくなっちゃうよ」○中部○イヤタクナルとも。イヤタイ、イヤッタイ（嫌だ）は中部、西部から愛知東部にかけて分布。関東や長野でもヤダグナル、ヤダクナルと言う。

【イヤンバイデス】（いいあんばいです・こんにちは）○「いやんばいです、また寄っとくれ」○東部、中部○朝方の挨拶、天気の日の挨拶に言う。イヤンバイは「良い案配」、ヤンバイダナア（朝方）、ヤンバイダッケ（夕方）と挨拶するところもある。仕事仕舞いの夕方はオシマイデスカが広い地域での挨拶。

【イラッテコイ】（借りて来い）○「隣に行ってちっとばかいらってこい」○中部（富士郡）○イラウは「借りる」の意で、奈良、平安時代の古語。富士郡および山梨、神奈川にこの語が残り、『駿国雑志』もイラッテコイを記録している。南方の鹿児島、沖縄でイラユイ、イラユンと言うのも同意の語だというのが注目される。

【イランコン】（余計なこと・お節介・無駄なこと）○「大事な場でいらんこんをこくな」○西部○「要らぬ事」の意。イランコンダ（大きなお世話だ）など、遠州でよく用いられる言い方。中部のイランセンショーと対をなす。

【イランセンショー】（余計なお世話・お節介）○「手を貸そうともったら（思ったら）、いらんせんしょーすんなと言われた」○中部○センショーは「差し出がましい」の意で中部圏から西に多く見られる用法。富士でイランセコチョ、金谷ではセンショーナカーナとも言う。

【ウイタカヒョータン】（ちゃらんぽらん・のんきに過ごしているさま）○「あの人はいっつもういたかひょーたんで迷惑せるだよ」○西部○瓢箪が水に浮かぶさま（ぷかぷか、ふらふら）からの表現（『遠州の方言考』）か。富士にウイタカチョーチン（遊びに夢中、浮ついた）の言い方もある。

【ウザマガツキル】（愛想がつきる）○「なにょー言っても効きめがないんてうざまがつきる」○中部○志太、榛原方面での言い方。ウザマは不詳だが、新潟県で「かっこの悪いこと、ぶざま」の意で用いるのと関連があるか。

【ウッカラカン】（不注意・とんじゃくなし・うっかり）○「うっからかんで居たけーが、明日ははー入学式じゃん」○中部、西部（中遠）○「うっかり加減」の強調形で各地に類語形がある。茨城でウッカリポン、近畿地方でウッカラヘンは「うっかり者」、ウッカラカンも同じ用法がある。

【ウッチャスレル】（すっかり忘れる）○「仕事もうっちゃすれて遊んでばかしいるよ」○伊豆、東部○「うちわすれる（打ち忘れる）」の転訛。関東から山梨、静岡あたりまで分布の東日本方言。

【エーカラカン】（いいかげん・おざなり・でたらめ）○「あの人は仕事がえーからかんでまかせられねー」○伊豆、中部、西部（中遠）○「いいかげん」からの派生語でエーカラカゲンとも言う。エーカラモンも「いいかげん」あるいは「いいかげんな者」。エーカラハチベー（小笠郡）、エーコロハチベー（新居）も同意で、ハチベーは卑称として用いたもの。

【エーヤット】（ようやく・やっとのことで）○「残業でえーやっと仕事が片付いた」○中部、西部○エンヤットとも言う。どちらもエンヤラヤットの簡略形。

【エレエレ】（これはこれは・やれやれ・あらまあ）○「えれえれこんな事故に遭うなんておとましー（気の毒）こんだのー」○中部○駿河の代表的な感動詞で、地元出身十返舎一九が『膝栗毛』に用いたのが文学（文献）での初見。『駿国雑志』では「もしもし」の意、本川根では「わざわざ」の意とする用法も。

【オエン】（してはいけない・だめだ）○「ばかな真似《まね》をしちゃーおえんよ」○西部○遠州の代表的な表現形の一つ。同じ禁止でもややソフトな調子の言い方。関東ではオエナイ、西日本（岡山、香川）ではオエンと言う。「負えぬ」がもとのかたちだが、意味は広く「手に余る、役に立たない、する必要がない」などの意味用法もある。また「しなければならない」の意で「せにゃーおえん」とも言う。

【オーナト】（わざわざ・わざと・努めて）○「怒って壁におーなと穴をあけてったよ」○中部○『源氏物語』に「おほなおほな」（余念なく）があり、関東でオーナオーナ、静岡と周辺県（神奈川・山梨・長野・愛知）でオーナト、オーナニと言うのはその名残り。

【オダイサン】（お金持・財産家）○「あの家は昔っからのおだいさんだ」○県○全域で言うが、西部でオダイサマ、東・中部でオダイ、オダイヤ、オダイジンが多い。語源は「お大尽」だという。オダイは東海東山地域、ダイジンは関東、西日本でも。

【オダイジモナイ】（ありがとう）○「こんな高価なものをいただいておだいじもない」○伊豆○榛原郡（本川根）でもダイジモナイと言い、「もったいない、かたじけない」の意。いずれも物を贈られた時のお礼や恐縮の意を込めた言い方。モナイはダイジ（大事）を強調する用法（第三章参照）。

【オダヲアゲル】（気焔をあげる・勝手なことを言う）○「男衆が集まっておだーあげてたよ」○伊豆、中部○東日本の方言で北海道から静岡県あたりまでの言い方。オダは「おだて（煽て）」の略（第一章オダックイ参照）。オダーコクは「つまらないことを言う」の意も。

【オテンターラ】（へつらうこと・お世辞を言うこと、またその人）○「あの人はいくつになってもおてんたーらだなー」○伊豆、東部、中部○関東および静岡県周辺での用法だが、語源は不明。『静岡県方言辞典』にはオテンタラが「お転婆娘」のこととしてあるのは愛媛でのオテンクラと同じ。ただし、テンタラ、テンクラはもともと「信用ならない」点に意味の相通性があったようだ。

【オトガトーイ】（間をおいて出産すること・次の子が生まれるまでの期間が長いこと）○「長男を生んでっからおとんとーくてまんだ次ができん」○中部、西部○オトは「弟・乙」で次に生まれる子、後の子を言うが、東北や東海東山地域で「次の子が生まれるまでの期間」の意でも用いる。

【オロカジャーナイ】（容易でない・一通りではない）○「新しい仕事はなかなかおろかじゃーないよ」○県○方言オロカには「容易、一通り」の意があり、その場合は打ち消しを伴って用いられる。

【オンゼーガナイ】（元気がない）○「彼は近ごろおんぜーがないだもんで心配だー」○西部（中遠）○「御精がない」のことで、セーは「精気、元気」の意。セーガナイは関西方面で「張り合いがない、がっかりした」、セーガワリーは和歌山で「元気がない」ということ。

【オンナイ】（いらっしゃい・おいでなさい・来なさい）○「よく来たねー、こっちへ早くおんない」○西部○「おいでなさい」の変形。京都でオイナイ、宮城でオンナエと言う○中部（志太、榛原郡）ではオイー、オイヤーが「おいでなさい」。

【カタナメシ】（片っ端から・残らず）○「山の木をかたなめし切り倒いて来た」○中部、西部○「かたなし（形無）の転か」と『日本方言大辞典』にある。静岡と岐阜のみという珍しい分布で注目される。「残らず」の意ではネコンザイも静岡県から西日本での言い方。

【ガトーモナイ】（程度が甚だしい・とてつもない）○「出来もしないに、がとーもないことを言うじゃーない」○中部、西部○ガトーをさらに強調した語形。隣県神奈川、愛知でも言う。ガトーは東海東山地域で「多い、たくさん、たいへん」の用法が目立つ語。

【カッパシャグ】（カラカラに乾く）○「風ん強くて洗濯物がかっぱしゃぐ日だ」○中部、西部○ハシャグは「乾く、乾燥する」の意で使われてきた古語。強意の接頭語を付けた強調形。ヒル（干る）も「乾く」で広く使われている。

【カニショー】（許せ、堪忍してくれ）○「がらい（うっかり）枝を折っちゃったよ、かにしょー」○県○カニは「かんにん（堪忍）」の略でカンニでも使う。カニシテ、カニヨーなどもよく使われる句形。愛知、岐阜ではカネ（スル）とも言う。古典文学『膝栗毛』で十返舎一九は「カンニさっしゃい」を、現代文学『試みの岸』で小川国夫氏（藤枝）は「カニしておくれ」を用いている。いずれも地元作家の用法の対照がおもしろい。

【カヤッサー】（裏返し・逆さま・あべこべ）○「継ぎ足して縫ったらかやっさーになっちゃったよ」○県○「かえさま（反様）」がもとの形。主にカヤッサ、カエッサは中部、カエッチャは西部、キャーッチャは伊豆、東部での発音形。なかでもキャーッチャの語音が印象深い響きの語となって親しまれている。

【ガンコ】（甚だしいさま・多大なさま）○「その仕事はがんこ人手の要るこんだ」○県○『物類称呼』に「大いなることを伊豆駿河辺にはいかいとも又がんかうともいふ」と近世期のさまを記している。ガンコのこうした用法は東海東山地域の特徴でもある。静岡県は「ガンコきれい」「ガンコある」などとよく使う。

【ガンジャナシ】（うっかりして気が付かない・ついうっかり）○「今日までがんじゃなしで居て悪かったっけ」○中部○富士川周辺地域での使用だが、伊豆で「うっかり」をガンゼナクと言うのと同じで、ガンジャナシも「がんぜなし（頑是無し）」がもとの形と思われる。

【カンドラレル】（気を取られる・熱中して他の事を忘れること）○「話にかんどられて大事な用を忘れてたっけ」○中部、西部○西日本でカンドリ（勘取）が「頭の働き、理解」の意。カンドラレル（勘取られる?）は静岡県のみ。

【キッサイガワルイ】（気持ちが悪い・気味が悪い・縁起が悪い）○「今日はきっさいが悪いんて帰らずよ（帰ろうよ）」○中部、西部（中遠）○キッサイは「縁起、前兆」の「きっさき（機先）」のことか。ただし『安倍郡誌』にはキッサイナが「面倒な」の意で「キッサイナ事を言うな」とある。

【キビガイー】（気分が良い・良い気味だ）○「いばりんぼーの失敗はきびがいー」○県○キビはキミ（気味、感じ、気持ち）の音転。キビガワルイも広く言う。キビ（気味）を長野でキビツ、愛知でキビタ、本川根ではキビッサエと言う。

【キモヲイラセル】（人を怒らす・からかう・やきもきさせる）○「あんましきもをいらせるとひっぱたかれるぞ」○伊豆、中部○キモ（肝）は「心・気持ち」で、肝を「煎（い）らせる」という表現。キモヲイル（肝を煎る）キモヲヤク（肝を焼く）はどちらも「腹を立てる」ことで古語用法。遠州にキモヤケタイ（いらいらする）の言い方がある。

【キョーラ】（今日この頃・この節）○「きょーらそんな事ははーしないら」○東部、中部、西部○共通語はキョービ。静岡県の中央部ではキョーラが優勢。ラは接尾語。西日本（和歌山、香川）でも言う。『万葉集』にも「今日、今日あたり」の意で「きょうら」が使われている。

【キラガイー】（きめが細かい）○「あの人は肌のきらが良い」○伊豆（韮山）○島根県（出雲）でキラが「ものの表面のきめ」を言い、「この豆腐はきらが悪い」と使う（『日本方言大辞典』）のが静岡（伊豆）と一致する。キラが「光沢、つや」を言うところもあり、「きらきら」とも関連か。

【キレーニ】（すっかり・残らず・完全に）○「きれいに汚しちゃって済みませんけ」○中部、西部○「きれいに忘れた」なら共通語法、「きれいに汚れた」なら方言用法と言うべきか。

【ギンガキク】（効果がはっきりする・価値が高まる・値が張る）○「今のうちに買っておけばそのうちぎんがきくさ」○東部、中部○三島、富士、井川（静岡市）などで言う。ゲンガミエタ（効果が見えた）という言い方（静岡）もあり、ゲン、ギンは「験」のこと。ギンガキクは静岡県のみ。

【クチョーグチョーニ】（口々に・我も我もと口を出して）○「くちょーぐちょーに文句を言ってちゃーらちんあかん」○中部、西部○「口々に」の俗語的表現として近世文学などにも使われた言い方。長野ではクチョーグチョーが「さんざんに悪口を言うさま」。

【クメンガイー】（金回りがよい・財産があるさま）○「あの家は近頃くめんがいーねー」○伊豆、東部○富士川から東で聞かれる語。クメンは「工面」で、金回りや財政状態の意の場合は「良い、悪い」を伴って用いる。『膝栗毛』には「くめんが悪い」とある。

【ゲーモナイ】（無駄な・役に立たない・つまらない）○「あればかのこんでお手上げじゃーげーもない」○県○ゲーガナイとも。「芸もない」「芸がない」のことで、「とりえがない、つまらない」の意となる。共通語用法にもあるが、「無益だ、かいがない」の意などは方言用法。

【ケッコーニ】（すっかり、すべて、きれいに）○「急いで来たもんだで、けっこーに忘れちまったよ」○中部、西部○同様の用法は長野、愛知と香川でも。「すっかり、全部」の意ではコックリ、コッキリの言い方も志太郡、小笠郡にある。

【ケンドモシ】（けれども・にもかかわらず）○「あの人にもらったーけんどもし、何の役にも立たなかった」○伊豆○逆接の「けれど」は、中部でケーガ、ケン、伊豆・東部でケンド、ケンドモシが使われる。伊豆のケンドモシはこの地の昔話でもしきりに使われる独特の語法。

【ケンプラモナイ】（あとかたもない・気配がない）○「ダムが出来て昔の村の姿はけんぷらもない」○中部（西）、西部（中遠）○ケップライモナイ（本川根）、ケンプライモナイ（袋井）とも言う。いずれも「ケブリ（気振り）」の変化「ケブライ」（様子、そぶり、気配）からの音転を含み、

「気振らいない」がもとの形。袋井では「冷たいあしらい、音沙汰がない」の意（『ふるさとの方言記』）も。

【ゴイセーキル】（頑張る・一生懸命にやる）○「いちんちひがさらごいせーきって働いてただよ」○伊豆、東部○ゴイセーは「面倒なさま、手数のかかるさま」（田方郡、駿東郡）で、「大儀だ、疲れる」（西伊豆）の意も。伊東ではゴイセーガキレルで「世話が焼ける」。これらの用法は全国に例がない。

【ゴーガワク】（気がいら立つ・腹を立てる・しゃくにさわる）○「若い者に馬鹿にされるとふんとにごーがわくぜん」○中部、西部○富士川から東でゴーガネール（業が煮える）、西でゴーガワク（業が沸く）と県内を二分する。ただし、全国的にはどちらも中部圏から西での方言。ゴーヲイラセル（気をもませる）ゴーヲヤク（憤る）は伊豆などで。

【コート】（このように）○「こーと口をきかないじゃー家に居たってしょーがにゃー」○伊豆○コートは伊豆の特徴的な語法で、「コート見る」「コートやる」など、日常会話に使う。用例は韮山の昔話の一節から。

【コーバイガハヤイ】（要領よく立ち回ること・動作が機敏）○「彼はどんな時でもこーばいがはやいんて損はしない人だ」○県○コーバイ（「勾配」）は「ころあい、要領、気味」の意。他の語句に付けて「怒りこーばい」（怒り気味）「バテこーばい」（バテ気味）などと使う。全国的には各地に分布。

【コキガワルイ】（いまいましい・しゃくにさわる）○「あんましこきん悪いんて途中でけえーって（帰って）来ただよ」○県○コは接頭語で「コ気が悪い」の意。静岡、山梨両県での用法。コキは、コキタ、コキタレ、コキタンなども言い、コキタガワルイ、コキタンワルイとなる。キガワルイで「不愉快」の用法もある。

【コグラガカカル】（こむらがえりがする・ふくらはぎがつる）○「駅までとんでったら途中でこぐらんかかって往生したよ」○中部、西部（中遠）○コグランカールは訛語形。「こむら」を静岡県ではコグラと言うのが広い。同じ状態をカラスガーリ（井川）カラスマーリ（三ヶ日）と言うのは他県でも。

【コゴトコーザイ】（小言・口中でブツブツ小声の不満を言うこと）○「彼はいつもこごとこーざいだもんだで人が寄りつかん」○西部○コーザイ（「口才」）は「お節介、不満、小言」などの意で伊豆や近県でも使われる。コゴト（「小言」）にこのコーザイが付いた語。

【コザルガオリル】（夕方、草や稲の葉に露がおくこと）○「こざるがおりたで（仕事を）仕舞いにしざー」○県○コザルは草や稲の葉につく露（夕方の）のこと。夜遅くなってから葉にたまる露をオーザル（『静岡県方言集』）と言う。同様の意でコザルガアガルと言うところもある。関東の一部、長野でもこれらの言い方がある。

【ゴショーゴショー】（ありがとう・お礼の言葉として言う）○「贈り物をもらったらごしょーごしょーするだよ」○中部（榛原郡）○金谷でゴショーゴショー、ゴショーッケネーと言えば「ありがとう」の意（『懐かしことば金谷編』鎌田三郎）。『全国方言集』にもゴショーゴショースルが榛原で「有難うの意を現す」とある。榛原郡での特徴的な用法。なお、ゴショーは「安楽」の意でも用いられ、ゴショーラク（のん気者）ゴショーヨシ（お人好し）の用法も伊豆や遠州にある。

【コタエサラン】（こたえられない・我慢ができかねる）○「この店のウナギはうまくてこたえさらんわ」○西部○「こたえさらん味」「苦しくてこたえさらん」などは、遠州の特徴的な表現句法。サランは可能の助動詞「サル」に打ち消しの「ン」で「られん」と同じ用法。「書かさる」「食わさる」はいずれも可能形で、この「サル」は青森、長崎などでも用いている。

【ゴロージ】（見なさい・御覧なさい）○「あの城をごろーじ、立派なもんだ」○県○「御覧じる（ゴロージル）」の命令形でゴロージロの略形。ゴロー、ゴロジ、ゴロンジとも。補助動詞に用いる場合は、ゴロージ→ゴロジ→ゴー→ゴ→コにまで略され、「見てごー」「来てこ」などの言い方が静岡市などでさかんで、静岡独特の用法となっている。

【ゴンジラレナイ】（言いつくせない）○「助けてもらった有難さはごんじられねー」○伊豆○下田では「嬉しくてたまらない」の意で「この御馳走じゃごんじられねーよ」と言う。宮城のゴンゼラレナイ、長野のゴンジランネも同じで「言じられない」のこと。

【ゴンボーコクナ】（冗談言うな・でまかせ言うな）○「こんな大事な場でごんぼーこくなよ」○西部（北遠）○北遠地方とそこに接する愛知県北設楽郡でゴンボーが「冗談、でまかせ」のこと。

【サータレマワル】（騒ぎ回る・うろうろと落ち着かないこと）○「子供たちが家ん中をさーたれまわってゆるせくねーわ」○中部、西部○サータレルは「騒ぐ、うろつく」の意で静岡県の語（第一章参照）。腰の落ち着かない者をサータレモンとも言った。

【サートモスリャー】（何かというと・ややもすれば・すぐに）○「集まるたんびにさーともすりゃー文句を言う人がいる」○西部○「さーともすれば」の音転。サートモスレバ、サートモストは千葉、神奈川でも。サは「さ（然）」という指示語だが、ここでは全体として副詞のように用いる句法。

【サーラバ】（何かというと・ちょっとすると・いつも）○「あの人はさーらば金の話ばっかする」○伊豆、東部○西部で言うサートモスリャーとほぼ同じ意味。本来は「さらば（それならば）」だが、これも副詞のように用いた表現。ただし、「サーラバ帰るべー」は「サラバ」（それならば）の本来の用法での言い方。

【サソクガキカナイ】（気が利かない・機転が利かない）○「私はまーるでさそくがきかないもんだで、勘弁してくりょー」○中部○サソクは「機転」（焼津、岡部）「計画」（山梨県南部）のこと。サッソクも徳島県で「機転」のことという。

【サッチラサッポー】　第一章参照

【サナイサナイ】　（そうでなくても・なおいっそう）○「誰んやっても無理じゃー私がやるとさないさないひどくなるよ」○中部、西部（中遠）○文語で言えば「さなきだに」（そうでなくてさえ）の意と『静岡県方言辞典』にある。ただし、「さなきさなき」がもとの形で、これを副詞のように用いた表現か。静岡県独自の言い方。

【シエール】　（することができる）○「こんなもなーたやすくしえーるよ」○県○可能表現エールの用法は静岡県の特徴的な言い方。ただし補助動詞用法で、たとえば「寝れる」（可能動詞）に対して「寝えーる」と言う用い方で、否定形は「しえーない」「寝えーない」など。富士、富士川周辺では、「書けげる」「読めんげーる」（可能）「やれげない」（不可能）というゲル、ゲナイの語音形も。

【シッコシモカナワン】　（足腰が衰えている状態・力が及ばない状態）○「しっこしもかなわんのに口だけは達者な人だ」○中部、西部（中遠）○シッコシは「尻腰」の変化語。シッコシイカン（菊川）とも言う。伊豆にもシッコシガナイの言い方があり、「頑張りが足りない、度胸がない」の意。

【シッコラオモイ】　（見かけよりずっしりと重い）○「この子は痩せて見えるけーがしっこら重いよ」○伊豆、中部、西部○シッコリオモイ、シッコロオモイとも。シッコラ、シッコリ、シッコロはいずれも「しっかり」の音転か。富士でシッコリガタイ、遠州でシッコラガタイと言うのは「何となく堅く歯ごたえある状態」のこと。

【シャッツラニクイ】（憎らしい・面憎い）○「若いくせにしゃっつらにきーことを言う奴だ」○県○シャッツラは「顔」のことで東日本での言い方。古語（中世語）にもある。シャッツラニクイは特に静岡県に広く、千葉、神奈川などでも。「顔」のことを東日本でツラ、西日本ではカオと二分。

【シャラッカマワナイ】（全然構わない・とんじゃくない）○「家ん中のことはしゃらっかまわにゃー人だ」○伊豆、東部、中部（東）○シャラは「全く、全然」といった強調用法（接頭語）。シャラッキタナイ（甚だ汚い）の言い方も。いずれも隣県神奈川、山梨、長野などとともに使われている。

【シャレクリカール】（おめかしする・派手にしゃれるさま）○「女衆がしゃれくりかーって町へお出かけだよ」○中部、西部○カールは「かえる」の補助動詞用法で「すっかり…する」の意。シャレカラカスも同意の用語でどちらも静岡県の言い方。

【ショーガツク】（意識が戻る・蘇生する・身に染みて分かる）○「倒れてから暫くしてやっとしょーがついた」○西部○ショーは「性」で「意識・正気」のことで、ショーナシは「意識不明」（本川根）。山梨、長野ではショーヅクで「身に染みて分かる、懲りる」の意。

【ショミヤバカデナイ】（少なからず・少しばかりではない）○「使った金もしょみゃばかでないよ」○伊豆○ショミヤバカジャーナイとも。ショミヤバカは「少しばかり」の意で、ミヤバカ（田方郡、駿東郡）と同じくこの地域特有の表現。第一章ミヤバカ参照。

【ショロショロスル】（のたのたする・うろうろする・ぐずぐずする）○「道の真ん中でしょろしょろしてるのはどこの爺さんだか」○県○静岡県全域に分布。共通語「（水が）しょろしょろ」の意味の転化で、こうした用法は全国に例がない。このショロショロは、ショロリンショロリン、ショロタンショロタンといった派生語も多い。

【ジョーンダ】（上手だ）○「彼は小さい時分から字がじょーんだ」○県○ジョーンは「上」で「じょうずなさま」（『日本方言大辞典』）。したがって「上手（じょーず）」の意では「ジョーンズ」（大東）と言う。ジョーンダの言い方は県下に広いが方言とは意識されにくい。

【ションジョクナル】（しゃがむ・小さくなる・意気地がなくなる）○「この頃急にしょんじょくなって、どうしただか」○中部、西部○ションジョクは、ションズク、ションジク、ションジョコとも。さらに、コンジョク（富士）、ホンジョク（井川）、チョンジョク（焼津）、チョンジョコ（三島）など、音変化が多い。愛知、三重でのショーズクナルと同じ用法で、ションズクという撥音ンの挿入はいかにも静岡的発音。ショグナルも「しゃがむ、かがむ」の中部での用法。

【ションジョラシー】（格好がよい・美しい・きちんとしている）○「あそこのしょんじょらし

い格好の人は誰だるべー」○伊豆○ショジョラシクヤレ（東伊豆）は「しっかりやれ、まじめにやれ」の意。類似の表現に鹿児島のショジョラシー（こざっぱりしている、すっぱりと気持ちよい）がある。遠隔地一致の表現か。伊豆にはそうした語がいくつかある。

【ションバラクサイ】（小便くさい・若くて未熟だ）○「あいつはまだしょんばらくさくて相手にならん」○中部、西部○ションバラは「しょうべん（小便）」の音変化。ションボラクサイ、ションボロクサイとも言う。

【シラックラスル】　第一章参照。

【ズクンワルイ】（横着だ・無精で働かない）○「ずくんわりーとどこも雇ってはくれんよ」○西部（北遠）○この場合の「ズク（尽）」は「我慢強く続ける気力」のこと。水窪ではズクが「要領」の意で、ズクガイー、ズクガワルイと使う。富士郡でズクガナイは「元気がない」こと。山梨、長野でもズクの用法が多い。

【スッチョーナイ】（愛想がない・そっけない）○「すっちょーない人だけんど、根は良い人だともー（思う）よ」○伊豆、東部、中部○富士郡に色濃く分布、山梨にも広がっている。スッチョーは西日本で「高慢、怠惰、無愛想」などの意。したがってナイは形容詞化の接尾語で打ち消しにあらず。スッチョーナイはやはり西日本（和歌山、福岡）で。清水でスッチョクナイとも言う。

【スッポーグイ】（おかずなしの食事）○「朝早くすっぽーぐいして釣りに出る」○中部、西部

（中遠）○スッポ、スッポラグイ、スッポログイとも。スッポーメシ（本川根）も同じ意。近世書『俚言集覧』に「すっぽう飯」、これを「すっぽり飯」とも言った。志太、榛原、小笠郡にのこる表現。

【スモクタニナル】（髪や糸などがからんでもつれること）○「糸がすもくたになって縫い物ができん」○中部、西部（北遠）○スモクタニナル（水窪）、スモコニナル（井川）、スモクレル（静岡）、スモク（本川根）など、安倍川、大井川上流部や北遠の山間地域に残る言い方。高知県のスボクタ、スボクタニナルと遠隔地の一致か。

【セータリゴーナ】（余計なお世話）○「そんなせーたりごーななことをするな」○伊豆○南伊豆の『下流のことば』に載っている。伊豆諸島の大島でもセータリゴーナイと言い、「お節介でご苦労様なことだ」と多少嘲笑する意を含むという。セータリは関東や山梨、長野での「セータラ（お節介）」と同じか。

【セズヨーガナイ】（どうしようもない・手の下しようがない）○「こんなに壊れちゃー、はーどうやったってせずよーのないこんだ」○中部、西部○セズヨーは第一章参照。「居ずようがない」「言わずよーがない」「やらずよーがない」など、用法が広い。『膝栗毛』にあるセズコトガナイもこれと同じで、いかにも地元出身の一九らしい用い方。これらは静岡県独自の表現法。

【センショースル】（差し出口をする・お節介をする）○「あーだこーだとせんしょーすると嫌

われるよ」○中部、西部○センショー（「僭上」）は本来は「身のほど以上に高ぶったりする」意の古語（中世用語）。センショーヤク（小笠）、センショーキル（引佐）とも言う。

【ソーダカシン】（そうなのかしら・そうかしら）○「あーは言うけど、ふんとにそうだかしん」○中部○主に志太郡、焼津などでの女性用語。ソーカシンとも言う。「あったかしん」「めーる（見える）かしん」など、静岡や榛原郡でも。「～カシン」は、「～かしらん」（疑問形）の変形と思われる。ただし、「～カモシン」は「～かもしれない」の意。

【ソーダッチョー】（そうだということだ）○「うそじゃーない、ふんとにそーだっちょー」○中部、西部（北遠）○チョーは万葉集以来の古語「てふ（といふの約）」（伝聞）の名残りとされている。中部、西部の山間部を中心に、「そうだっちょー」「雨だっちょー」「行くだっちょー」などとよく使われる表現法。本川根では言葉の終わりに「だっちょー」を付けて言う話をダッチョーバナシと言い、「また聞きで信用できないうわさ話」の意だという。ダッチョーは「だとよ」の意。

【ソコラハッチョー】（そこら中・辺り一面）○「洪水でそこらはっちょー海みてーだ」○中部、西部○ハッチョーは「八丁」でここでは多大の広さを言ったもの。志太、小笠郡や北遠の佐久間などでも言う。

【ソノイチラ】（そのまま・それっきり）○「町へ遊びー行ってそのいちら帰ってこん」○伊豆、中部、西部（中遠）○イチラはイチリとも言い、「まま、それなり、それきり」の意で用いる助詞。

ヤナシ方言の一つと目されるが、遠く長崎（壱岐）、熊本（天草）にもイチリの用例があり、遠隔地との一致語として注目される。

【ソノイトニ】（そのうちに）○「あの子は仕事に行ってるけーが、そのいとに帰って来るら」○県○イトは「時間、いとま、間」の意で、ヤナシ地域と伊豆諸島での用語。近世書『和訓栞』に「駿州にてそのいと」とあり、伝統的な用法と思われる。イトは西は天竜川あたりまでの分布。

【ソノカーチ】（その代わり）○「そんなこたーせんでもいい、そのかーちしっかり勉強してな」○伊豆、中部、西部○カーチは「かわり（代わり）」で、カワチ、カーチ、カイチ、カエチと音変化が目立つ。山梨、長野でカワシ、カーシとなるのと変化が対照的。

【ソラッカウ】（知っていても知らないふりをする・そらとぼける）○「見てるはずだに知らないなんて、きっとそらつかってるだよ」○県○ソラはスラとも言い、ソラ、スラはこの場合「虚言、うそ」のこと。「そらをつかう（空を使う）」は共通語（国語辞書）にもあるが方言としても扱われ、特に静岡県での使用は際立っている。第一章ソラッツカイ参照。

【ゾングラコク】（ぞっとする・ひやっとする・うんざりする）○「道端に大きなへーびがのたくっててぞんぐらこいたよ」○県○ゾングラコクは西部に目立ち、中部以東ではゾングリスルが多い。「ゾクゾクスル」から「ゾックリスル」、「ゾングリスル」へと変化したものか。伊豆南西部にこの三様の言い方が見られるのは興味ある現象。第一章ゾングリ・ゾングラ参照。

【ダイジクスル】（大事にする・大切にする）○「贈られた品だんてだいじくしろよ」○中部○「大事」を形容詞化した言い方だがダイジクの用法のみ。富士川から榛原郡あたりまでの分布で、今も使われる静岡県の特徴ある言い方。形容詞「ダイジー」の使い方は伊豆諸島で「きれい、かわいい」の意。

【ダメノカー】（無益なこと・無駄・駄目）○「みんなでいくら頑張ってもだめのかーだよ」○中部、西部（中遠）○「だめのかわ（駄目の皮）」は近世の俗語表現で『駿国雑志』にもある。方言として静岡県などに名残りをとどめたものか。カー、カワは状態強調の接尾語としてシラカー（第一章参照）などにも使われている。栃木県ではダメノガンと言う。

【ダメヲコクナ】（馬鹿なことを言うな・いいかげんなことを言うな）○「子供らー相手にだめをこくな」○西部○この場合の「だめ（駄目）」は「いいかげん、うそ」の意で、長野にもダメコク（うそを言う）の用例あり。

【ダモンデ】（だから）○「だもんで私もそうしてみたっけだよ」○中部、西部○「それダモンデ」のように接続（順接）の用法として静岡ではさかんに使われる。ダモンダデも同様。デは活用語に付いて、原因、理由を示す助詞で方言に多い用法。

【チーットバカ】（少しばかり・わずかばかり）○「ちーとばか借りてもまだ足らん」○県○「ちとばかり」は中世以来の古語用法で、その変化形チ（ー）ットバカが千葉や静岡に。チーット、チーットバカは静岡では今も日常的用法。遠州、愛知ではチトバカシ。関東ではチットバイ、チットンベーとも言う。

【チットラッツ】（少しずつ）○「何でもちっとらっつ用意しておきゃー安心じゃん」○伊豆、中部、西部○チットッツラとも言うのは西部に多い。「ちっとずつ」の転訛か。中遠地域ではチーッツラ、チッチラッツの言い方も。どれも静岡県の特徴的な表現形。

【チョビチョビスル】（ちょこちょこと差し出口をする・差し出がましいことをする）○「そんなつもりじゃーないに、ちょびちょびすんなとしかられた」○県○『静岡県方言辞典』では「利口ぶる」意とある。チョビ、オチョビ、チョビスケは静岡、長野やその周辺でも言うが、チョビチョビスルはヤナシ方言で静岡が本場の言い方。チョビツク（こざかしく差し出る）も静岡、長野で言うが、これは近世文学にもあり「小うるさく動き回る」の意。

【チンブリヲカク】（怒ってすねる・ふくれっ面をする）○「今の若者は注意されるとちんぶりかいて返事もしよらん」○県○中部ではチンブリ、西部と伊豆南部でチンプリが多い。近世期（『駿国雑志』）から指摘されている静岡県の代表的な方言表現。山梨の一部でも言うのは静岡からの流入か。語源は不詳。

【ツクラフント】（ぼんやりと・のほほんと）○「彼はあんなところでなにょーつくらふんとしてるだか」○中部、西部○志太、榛原方面でツクラホント、ツクランボトとも言う。ツクラフントは愛知でも。長崎ではツクラントが。共通語「つくねんと」の音転か。

【テゴッサイニイカン】（手に負えない・始末が悪い・持て余す）○「あの子はてごっさいにいかん腕白だ」○県○同類の表現は各地にあるが、そのほとんどが西日本での用法。「テコ」ではじまる語も多い。静岡県ではテゴッサイニイカン、テゴッサイニオエンが大半。遠州でテゴッチョニイカヌも。テシコ系も西日本にあり、県内でもテシゴニイカヌ（本川根）と言う。水窪ではテシンマイニオエヌと言った。西伊豆でテゴンザイと言うように、テゴッサイだけでも「手に負えない」の意で使うところもある。しかし、テゴッサイの語源はよく分かっていない。

【テッピラコーニ】（あけすけに・腹蔵なく）○「てっぴらこーに話をすれば分かってもらえるずら」○中部○井川、本川根方面での用法。テッピラだけでも同じ意味で。テッピラは関東で「手のひら」のこと。何もない手の平（手の内）の状態から「あけすけ、隠すことなく」に使用。

【デホーコク】（でまかせを言う・うそを言う）○「そんなでほーこいたって親はだまされん」○中部（西）、西部○デホ、デホーは「うそ、でたらめ」の意。「出放題」からか。東海東山地域に分布が濃いが、他県でも言う。

【テンドリバイドリ】（それぞれ勝手に奪い合う）○「建前の餅撒《ま》きに行ってみたけん、てんどりばいどりで大変だっけ」○西部（中遠）○「てどりばいどり（手取奪取）」の意で、九州（長崎）ではテンドリボードリ。富士のテドリビャードリも同じ語の成り立ちかと思われるが、「手を取り足を取る、親切」の意（『富士の地方ことば』）とある。

【ドーサドーサ】（どうしてどうして・それどころではない）○「弱そうに見えてもどーさどーさ馬鹿にはできないさ」○伊豆○『日本方言大辞典』によれば、近世江戸語の「どーしどーし」（『皇都午睡』）が同意の表現。それ以外は伊豆のほかに見当たらない表現。伊豆のドーサはゾーサ（「造作」）の訛音とも考えられる。

【ドーシニユク】（一緒に行く）○「ちっと待ちょー、どーしに行かざー」○県○『物類称呼』では「東国」用法とする。駿河では、『膝栗毛』、『阿倍川の流れ』（洒落本）、『駿国雑志』という近世文献がどれもこの用法を記録する。静岡の伝統的な用法でもあったのだろう。

【ドーデコーデ】（何ともはや・何としてでも・全く・まるで）○「あの町の祭りはどーでこーで人出が多い」○中部○静岡県で広く言うドーデを強調した表現か。ドーデは「とても、まるで、とにかく、何せ、どうせ」などの多様な意味をもつ語。ドーデコーデは山梨の一部（南巨摩郡）でも言うが、静岡県が本場の特徴的表現。

【ドカントスル】（むさ苦しく暑い・蒸されるようにいきれること）○「どかんとする夜はとーても寝てらんねー」○中部、西部（中遠）○蒸し暑さがどっしりと充満しているさまをドカンと言ったものか。新潟県佐渡で「ドカンとした夕空」が「どんより曇っているさま」と言うのと同類か。

【トキシュンナシ】（時間または時期の考慮なしに・時間の見境なしに）○「近頃の野菜はとき

しゅんなしで味気にゃー」○西部○トキシュン、トキスンは「丁度の時間」（小笠）「最盛期」（水窪）のこと。富士ではシュントキが「決まった時季、時刻」、井川や本川根ではスンデモナイトキが「時季はずれ、とんでもない時」を言う。シュン、スンは「旬」で、「時、折、最盛期」などのこと。トキシュンナシは奈良でも言う。

【トコロトッパチ】（ところどころ・ところ構わず）○「小犬がところとっぱちに糞をしてたまんにゃー」○中部、西部○大井川、大東周辺でトコロトンパチ、南伊豆（下流）でトコロバンコロとも言う。長野ではトコロトンボ。トコロの下部はいずれも強調語勢によるものか。

【トチモチスル】（まごつく・もたもたする・落ち着きがない）○「やっかいな仕事にとちもちしちゃって食事もできねかった」○西部○同意のトチモチは島根（隠岐島）にあり、福岡でもトンチモンチと言う。小笠ではトチメンボースルが「あわてる、面くらう」の意。トチは「とちる」（まごつく）から。

【トチュームチュー】（途方に暮れる・何が何だか混乱状態）○「どうしていいのかとちゅーむちゅーで逃げ出しちまった」○伊豆、中部○トチョームチョーとも。焼津、御前崎で「一心不乱、無我夢中」の意。他県にない表現だが、西日本のトチマヨウが同じ意味。

【トッタカミタカニ】（瞬く間に・たちどころに）○「株で失敗して、とったかみたかに一文なしだっけ」○伊豆、中部○「手に取って見るか見ないかのうちに」が原義。お金に関して言う場合が多く、井川では「手に入るとすぐ使う」の意。長野、愛知、岐阜でも「てっとり早く、容易に」の意で。

【トビックラスル】（競走する・駆けっこする）「みんなでとびっくらして遊ばざー」○県○トビクラベのことで、「走る、駆ける」の意でトブを使うのは東北から九州まで各地に点在。トビックラ、トビッコの言い方は関東から静岡までの分布。トブ、トビックラとも静岡での用法が目立つ。

【トンジャカナイ】（気にかけない・関心がない・こだわらない）○「いくら戦争の話をしても、今の若者はとんじゃかないだよ」○県○共通語「とんじゃく（頓着）ない」をトンジャカナイ、トンジャカーナイのかたちでさまざまな場面でよく口にするのが静岡人。地元各地の方言集にほとんど載るのはそれゆえだろう。

【ナイマセン】（ありません）○「そけーら中探してもないません」○西部（南遠）○磐田、福田方面（『磐田郡誌』）の用法。『静岡県方言辞典』にも載る珍しい表現。島根県でも「そげな事はないません」と言う（『日本方言大辞典』）。和歌山ではナイマッテン。

【ナイモセンニ】（ありもしないのに）○「家ん中にはないもせんに、探しても無駄だら」○中部（西）、西部○ナイモセンは二重の否定に聞こえるが、「無い」を強調した表現形で江戸文学などでも使われている。関東ではナイモシナイ。

【ナッカニスル】（仲間にする・共有する）○「あの子一人じゃ寂しいら、なっかにしてやんな」○中部、西部○ナッカは「仲」で「仲間、同志」の意。物の場合は「共有」で「ナッカにしよう」と言う。西部に多い言い方。

【ナッチョラ】（どうにか、やっと）○「急いで水を足してなっちょら一杯になった」○伊豆○南伊豆での言い方だが、『静岡県方言辞典』では「ざっと」の意で、「なっちょら拵らへました」を用例とする。西伊豆のナッチョレカッチョレ（何とかかんとか）のナッチョレも同類だろう。

【ナマデナイ】（たくさん・随分・とても）○「一回の漁でも漁獲高はなまでないよ」○伊豆○伊豆の西海岸地域でナマニ、ナマン、ナマサンが量や程度の多いさまを言い、「ナマニある」（たくさんある）などの用い方をする。ナマデナイはこのナマに強調のナイを付けた言い方。山梨でもナマニを使う。

【ナンジャーナイ】（ほかでもない・取りも直さず）○「なんじゃーない、今度の件はこれで終わりにしざー」○中部、西部○話をはじめる時の用法以外に、活用語に付いて「…だけしかない、この上なく…である」の意となる用法がある。「千円なんじゃーない」（千円しかない）、「暑いなんじゃーない」（暑いなんてもんじゃーない）と言い、このナンジャーと同類のナンダ、ナンデが富山、石川両県にある。金沢では「一つなんでない」と言う。

【ナンショカンショ】（なにがなんでも・どうしても・とにかく）○「いくらもめたってなんしょかんしょ決めにゃーならん」○中部、西部○ナンショ、ナンショーは「なにしろ（何しろ）」の訛りで東海地方に目立つ言い方。「何しろか（彼）にしろ」が山梨ではナンシロカンシロ、静岡、岐阜ではナンショ（ー）カンショ（ー）となる。伊豆や遠州でのナンデカンデは「何でもかんでも」から。

【ナンタラモ】（少しも）○「どんな仕事でもなんたらも苦痛じゃにゃーよ」○伊豆○ナンタラの同意の用法が東北・関東にある。一方、「ナンタラ事ずら」のナンタラは「何という」の意で、ナンタルと同じ用法。

【ナンダラス】（何だろうか）○「あすこにめーる（見える）人だかりは何だらす」○西部○スはズと同じ推量の助動詞。「なんであらず」がもとの形か。ダラを推量で用いるナンダラ（何だろう）の言い方もよく聞かれる。

【ナンニャーカマワズ】（他の事はいっさい構わずに・誰が何と言おうと・あれこれ考えずに）○「なんにゃーかまわずやってみりゃー成功するかもしれん」○中部、西部（中遠）○富士から小笠郡あたりまでの分布。浜岡ではナンニャーカンマーと言う。

【ナンメンダラリン】（だらしない・締まりがない）○「いつまでもなんめんだらりんの仕事ぶりでは困る」○中部○島田ではナンメンダラリ、富士ではナンメンクダリと言う。いずれも近世俗語の「のんべんだらり」「のんべんくらり」の訛語形。ノンベンは「ノベ（延）」の意とする語源説がある。

【ニエタラクワズ】（態度がはっきりせず優柔不断・怠け者・ずるいこと）○「ネータラカーズで得をしても後味が悪いずら」○中部、西部○「煮えたら食わず」（ズは意志）で、努力しないで成果だけを得ようとするようなずるくて怠惰なことを言う。ネータラカーズと発音する地も多い。同様の表現は鳥取県にある（「煮えたら食う」）のみ。

【ノッキッテ】（思いきって・一生懸命・根気よく）○「のっきってやりゃーじっきに仕上がるら」○伊豆、中部、西部○動詞「のっきる」（「乗り切る」の変化）の連用形用法。江戸文学にもあるが、方言としては静岡、神奈川での用法。伊豆や北駿地方でのノッキトナッテも同意。

【ハスンタッシャ】（口が達者だ・よくしゃべる）○「はすんたっしゃだけーがちーっと人情味に欠ける人だ」○県○ハス、ハソは「ハシ（嘴）」のことで、「口ばし、口、口先」を言う。ハスガタッシャは県内に広く分布する慣用句法の一つ。

【ハブニスル】（仲間はずれにする・のけ者にする）○「あの子だけはぶにするのはよせ、かわいそうじゃん」○伊豆、中部、西部○ハブは「はぶき（省き）」のこと。西部ではハブシニスル、ハブセニスルの言い方も。ハブは静岡県と島根県（隠岐島）で。

【バッチラガウ】（奪い合う・取り合う）○「子供らんいつまでもばっちらがっててしょんないよ」○県○バッチラガルとも。名詞形バッチラガイ、バッチラゲッコもある。静岡、長野が中心で、山梨、神奈川の一部でも。平安語「ばひしらがふ」（奪い合う）の訛語としてこれらの地域にのみ残った言い方で貴重。

【バンタビ】（その都度、毎度、たびたび）○「ばんたび怒られてばっかでやっきりしちゃう」○県○静岡では共通語の感覚で用いられるが、東北、西関東と静岡での方言。「バンタビバンタビお世話になります」と仙台でも。

【バンテンコーニ】（代わる代わるに・交互に）「一人占めせずにばんてんこーにやってくりょー」○中部、西部（中遠）○バンテッコー、バンテンガーリとも。バンテンは「ばんて（番手）」のこと。バンテニも中部圏に多い言い方。

【ヒサシカブリ】（久し振り）○「ひさしかぶりに逢ったけんど、相変わらずだっけ」○伊豆、東部、中部○「ひさしぶり」の訛語だが近世期（『膝栗毛』）にも。イシャシカブリ、サシカブリ（伊豆）の言い方も。サシカブリは九州（長崎、鹿児島）でも。

【ヒズーコク】（閉口する・苦労する・ひどい目に遭う）○「うっかり引き受けた仕事でえらいひずーこいたよ」○伊豆、中部（東）○長野県でも言う。ヒズキッタ（苦労して仕事をすること）は賀茂郡で。関東ではヒズヌヨル。

【ビッチョコニナル】（ゆがむ・いびつになる）○「蜂に刺されて顔がびっちょこになっちゃった」○伊豆○ビッチョク、ビッチョコは「ゆがみ」の意で伊豆の方言。隣の山梨、神奈川ではビッチョー、ビッツク。

【ヒッチラン】（知らない・全く知らない）○「ひっちらん顔してほかしときゃー（放っておけば）えーよ」○県○「知らん」に強意の接頭語「ひっ」を冠してヒッチラン、シッチランと言う。ヒッチラスカと言えば反語形で「知るもんか」の意。いずれも静岡県での特徴的語法。

【ヒトッキラ】（ひととき・暫時・ひとしきり）○「村芝居がひとっきら盛んなころがあったじゃー」○伊豆、東部、中部○ヒトッキリとも言い、いずれも「ひとしきり」に同じ。ヒトッキラは東京（多摩）と長野でも。

【ヒトッテ】（一人で・ひとりでに・自然に）○「だあーれも行かんとひとって行かにゃーならん」○県○「一人で」はヒトッテ、「二人で」はフタッテと言うのが特徴的な言い方。ただし「ヒトッテ車が動いた」は「ひとりでに」の意。いずれにしても国語辞典、方言辞典に見られない表現。

【フショーツケル】（文句を言う・けちをつける）○「誰かがふしょーつけると話がまとまらんようになる」○中部○富士郡、志太郡などで。フシヲツケルが基本形。「ふしをつける」は近世文学にもあるが、方言用例は静岡県のみ。フシは「なんくせ、言いがかり」の意で『膝栗毛』に用いられている。

【ブッチョーチル】（落ちる・落下する）○「高いところからぶっちょーちてえれ（大変）かった」○中部○ブチョーチル、ブッチョチルとも。いずれも東海東山地域での表現。「落ちる」に強めの接頭語を付けたブチオチルのこと。

【ヘロヲコク】（馬鹿をみる・しくじって損する・気抜けがする）○「あんなはずじゃーなかったに、へろーこいたよ」○西部○当てがはずれての失敗で疲れてぐったりする様子。そんな様子を浜岡でヘロヘロシタと言う。ヘロヘロは「力がないさま」のこと。

【ヘンタラクモナイ】（何ともない・変わりもない・痛くもかゆくもない）○「そんくらいの損を出してもへんたらくもない」○中部、西部○ヘンタクモナイ（金谷）、ヘンタラゴモナイ（静岡）、ヘンタロクモナイ（御前崎）とも。ヘンは「変」で「変わりもない」の意か。静岡県独特の表現形。

【ホテッパラ】（腹いっぱい、満腹）○「この餅をほてっぱら食って元気を出しな」○県○「布袋腹」の副詞用法で、静岡、山梨、神奈川と島根に分布。ホテギリ、ホテッキリの言い方は静岡のみで、「思う存分」の意でも。

【ホンノリセン】（はっきりしない・はかばかしくない・すっきりしない）○「病気が長引き、なかなかほんのりせんで困る」○中部（西）、西部○主に病後の状況が思わしくない時などに言うが、「天気んほんのりせん」（浅羽）の用法も。愛知でもホンノリセンと言うが、四国ではホンドリセン（愛媛）。掛川でのハンザリセン（『傑作しぞーか弁』）は珍しい言い方。

【マショクニアワン】（割に合わない・引き合わない・間に合わない）○「あぶんない仕事にこの手当じゃーましょくにあわん」○県○「間尺に合わん」に同じ。他県では「役に立たない、用が足りない」の意が多いが、静岡では「割りに合わない」の用法が目立つ。

【ミタクデモナイ】（見たくもない・みっともない）○「みたくでもない格好して出歩かないでくりょー」○中部、西部（中遠）○「見たくない」の変化語。近世文学では十返舎一九『膝栗毛』が初見。方言として関東にも残る。

【ムッカリスル】（憤然とする・むかっとする）○「彼らのふるまいに思わずむっかりした」○伊豆、中部○ムカムカスル→ムカットスル→ムッカリスルの変化によるか。西部ではムッキリスルとも。これらは静岡独特で、栃木、愛媛、長崎ではムックリ（スル）。

【メグラマッタイ】（めまぐるしい・目の前を飛び回ったりしてうるさい・目が回るようだ）○「子供らんちょろちょろ走り回ってめぐらまってーやー」○伊豆、東部、中部（東）○「目（が）くらむ」に状態の「たい」を付けた形容詞か。富士川から神奈川にかけての用法。東京（八王子）でメグラッテーとも。

【メソメソジブン】（夕暮れどき・たそがれどき・朝夕の薄明時分）○「あんまし遅くならずにめそめそじぶんにゃー戻っておいで」○中部、西部○共通語「めそめそ（泣きざま）」とは異なる方言用法。静岡、長野、愛知（北部）での独特の表現。メソメソドキ（静岡）、メソメソグレ（庵原郡）とも言う。第五章メソメソドキ参照。

【メタメタ】（たびたび・むやみに・めちゃくちゃ）・「同じこんをめためた言っても効果がないら」○県○「めった（滅多）」が基本形の語で、メタ、メタクタ、メタクサ（富士）、メタハチ

（御前崎）などの言い方がある。このメタ系の語はヤナシ方言地帯で特に使用が目立つ。

【メッタイシナ】（「有難う」をしなさい・礼をしなさい）○「よその人に物をもらったらめったいしなよ」○中部、西部○メッタイは、もらった物を両手に乗せて頭のあたりまで持ち上げて言う感謝の言葉であり、またそのしぐさを言ったもの。愛知、長野でも言い、四国、九州ではメンタシと言った。メッタイ、メンタシは「めでたい」のこと（柳田国男）という。

【メッパイオキ】（早起き・起き立て）○「明日はめっぱいおきして釣りに行こーじゃ」○伊豆、東部、中部（東）○ネッパイオキ（伊豆、北駿）とも。「めいっぱいおき（目一杯起き）」の転訛か（『日本方言大辞典』）。この地域のみのユニークな表現。

【ヤイキガイー】（元気が良い・威勢が良い）○「あんたっちのお爺さんはいくつになってもやいきがいーねー」○伊豆、中部、西部○ヤイキは「元気、勢い」のこと。愛知、三重、和歌山などの太平洋側に分布。伊豆大島では「様子、格好」の意。漁師言葉か。

【ヤイヤイ】（やれやれ・おやまあ・おいおい）○「やいやい、えらい目にあっちゃったやー」○県○感動詞として、感心、驚き、同情、失望など、さまざまな場に応じた使い方をするのが静岡県のヤイヤイの特徴。典型的な慣用表現の一つ。主に男性用語。九州ではヤイヤと言う。

【ヤクタイモナイ】（たわいもない・役にも立たない・とんでもない）○「一人で頑張っててもやくたいもないこんだ」○県○ヤクタイは「益体」で「役に立つ」こと。ヤクタイモナイは『日葡辞書』(中世)にもある古語で今も使われるが、特に静岡県に目立つ用法。ヤクタイモナクで「途方もなく、大いに」の意。

【ヤジガル】(嫌がる・厭《いと》う)○「そんなにやじがるなら連れてくのはよせ」○伊豆、東部、中部(東)○イヤジガルとも言い、こちらの方が分かりやすい。山梨でも。ヤダガルも同意で、富士、榛原郡で言う。

【ヤタラクタラ】(やたらに・むやみに・訳も分からず)○「やたらくたらいぜくりまわいておやい(損じ)ちゃった」○伊豆、中部、西部○山梨、静岡と愛媛での言い方。島根、徳島ではヤタラコタラ。西部でヤタラムショー(浜岡、新居)の言い方も。

【ヤッキリコク】(腹が立つ・しゃくにさわる・じれったい・がっかりする)○「いっくら待っても来ないだもんだでやっきりこいたよ」○県○ヤッキリコク、ヤッキリスルが相半ばの分布。中部、西部で「腹が立つ、頭にくる」、伊豆、東部で「がっかりする、嫌になる」の用法が目立つ。『静岡県方言辞典』では「じれったい」の意。隣接する神奈川、愛知東部でも言うが、埼玉県秩父地方にもヤッキリコクがある。本場は静岡県、使用度も高い。

【ヤットカブリ】(久し振り・暫く)○「一緒に飲むのもやっとかぶりのこんだ」○西部○ヤーットブリ(中遠)とも。名古屋弁で名高いヤットカメも中遠から浜名郡にかけて用いるところがある。佐久間ではヤットカメブリとも。同じ意のハルカブリ、ハンルカブリも遠州と長野で言う。

【ヤットノコンボ】（やっとのこと・かろうじて・ようやく）○「どえらい荷物をやっとのこんぼで片付けた」○中部○「やっとのこと」の転訛。静岡、岡部、金谷などで言う。新潟県佐渡ではヤットノホンソ。

【ヤラマイカ】（やろう・やろうか・やろうよ）○「そろそろ仕上げだできっちりやらまいか」○中部、西部○マイ・マイカは相手を誘う気持をもって意志を表わす語法。西部でよく使われてきたので遠州人の気風を示すことば「ヤラマイカ精神」となった。ただし、マイ、マイカの用法は北陸、近畿にまで及ぶ。

【ヤリキッテ】（熱心に・心をこめて・根気よく）○「やりきって仕事をするんてまかせてくりょー」○中部、西部（中遠）○「やりきる」は「最後までし遂げる、精いっぱい行う」こと。ヤリキッテは富山・島根でも。富士で「意地を張って、強引に」の意も。

【ユーウチ】（その中でも、とりわけ）○「兄弟の中でもあの子はゆーうち頭が良い」○伊豆、中部、西部○ユーチとも言う。「ゆう（言う）内」のこと。長野、愛知でも。これと同意でユーイトを用いるところもある。ただし、ユーイトは「言ってるうちに、すぐに」の意でも使う。

【ユルセクナイ】（くつろげない・ゆっくりできない）○「あれもこれもとやることん多くてゆるせくねーわ」○県○ユルセー（第一章参照）の打ち消し表現で、こちらの方を普段に使用する率が高い。どちらにしても静岡県の特徴ある表現。

【ヨーキヲクー】（湿気を帯びる・湿っける）○「せんべーがよーきをくってうまかない」○伊豆、東部、中部、西部（中遠）○ヨーキは「陽気」（天気、気候）のことだろうが、この言い方は他県に用例が見当たらない。

【ヨーク】（すっかり・全部・ひどく）○「昔のことはよーく忘れちゃったよ」○伊豆、東部○「ヨーク（さんざん）あたり散らす」（南伊豆）、「ヨーク（全部）ほかしちまった」（西伊豆）など、伊豆を中心とする地域での独特の使い方。このヨークと類似するのが中国地方でのヨーニの使い方。

【ヨカンナ】（良いだろう）○「その方がよかんなともって（思って）やってみただよ」○中部、西部○近世書『物類称呼』に「よいと云事を（略）遠州にてよかんなと云」とある。もとは古語用法「よからんな」のかたちちか。富士川以西に「痛かんな」「寒かんな」の用例がある。

【ヨダヲハウ】（仕事などが遅れて夜にかかる・夜遅くまで働く）○「そんなにのんびりしてよだをはうなよ」○伊豆、東部、中部○「夜田を這う」で、夜まで働くこととなる状態のこと。ヨダーハル（韮山）、ヨダーハグ（焼津）、ヨダーハム（静岡）とも。御前崎でヨダニカカルは「世話になる」こと。ヨダヲハウの、伊豆大島、隠岐島、淡路島への分布は注目される。

【ヨダラモナイ】（役にも立たない・くだらない）○「ふざけ合ってるばっかじゃーよだらんもにゃー」○伊豆、東部○ヨダランモニャー（御殿場）という発音形が多い。伊豆で言うズダラモナイ、富士で言うフダラモナイも同じ意味。いずれも「ダラ」（締まりがない、愚か）を用いた表現。

【ヨッツキサッツキ】（寄るたびごとに・寄ると触ると）○「よっつきさっつき人の噂話で聞いちゃーおれん」○東部、中部、西部（中遠）○ヨッツキは「寄りつき」で、その強調表現か。焼津では「ようやく、少しずつ」の意で「よっつきさっつき運ぶ」と言う。本川根のヨッツキモナイは「乱雑で粗末な、ぶざまな」の意。井川でヨッツキャーナイ。

【ランゴクナイ】（乱雑・取り散らかしている・混乱状態）○「部屋んらんごくないで入るなーちっと待ちょー」○中部、西部○ランゴカーナイと発音。特に遠州でよく聞かれる。ランゴクは「乱雑、混乱、粗野」などの意、ナイは状態強調の接尾語。ランゴクモナイ（乱雑だ）は愛知県でも。ラッピランゴク（本川根）も同意の語で、「らんぴらんがい（乱飛乱外）」の変化語という。

【ワキャーナイ】（たやすい・簡単だ・面倒なことはない）○「初めての事でもやってみりゃーわきゃーないよ」○県○共通語「訳はない」の訛語形だが、静岡県では使用度が高く、県内各地の方言集がこの語を地域の語として取り上げている。

【ワザースル】（害をなす・阻害する・たたりがある）○「わざーするよーなものは除いておくべー」○伊豆、中部（東）○「ワザ（業）」には「わざわい、たたり、害」の意もある。西日本に多い用法。伊豆の松崎でも「たたりがある」の意で使う。

第三章　しずおか「たい・ぽい」方言

静岡県の代表的な方言語彙と言ってよい、オーボッタイ、ブショッタイ、マメッタイなどは、使用地域が県下のほぼ全域に及んでいる。今日、日常会話の中でこれらの語を慣用的に使用する人がいたら、その人は静岡県人であると思ってまず間違いはないだろう。

ほかにも、ゴセッポイ、ヤブセッタイなども、やや使用範囲に限定はあるものの、やはり早くから知られていた静岡県の特徴的なことばであることはすでに触れてきた。

ところで、いま例示してみたこれらの五語に共通する表現の特徴は、いずれも「タイ」「ポイ」という接尾語を用いる語構成（語尾部分の語形）にある。本章の表題に用いた「たい・ぽい」方言という言い方は、これらの一定の接尾語を用いた語を代表するかたちで表現したものである。具体的に言えば、「タイ」「ポイ」のほかにも、「コイ」「ナイ」といった接尾語形をもつそれらの語彙を、「しずおか方言」の中に見ていこうというわけである。

これら、タイ、ポイ、コイ、ナイといった接尾語形に共通する意味内容は、上にある語の性質、状態に関して、それらをやや強調したり、それらの状態を帯びている様子を言い表わすものである。たとえばブショッタイ、マメッタイは、それぞれ「ぶしょう（無精）」「まめ（勤勉）」に「タイ」を付けてそれらの著しい傾向、状態を示している。

実は、今日の共通語にもこうした接尾語形をもつ語（いずれも形容詞となる）はいくつもある。「じれったい」「子供っぽい」「油っこい」「せわしない」などがそれである。そうしてこれらの接尾語形が、上にくる語になじみやすく結合しやすい性質をもつところから、多くの造語を生むという傾向にある。その傾向が顕著に発揮されるのが「方言」の世界である。「しずおか方言」に、オーボッタイ、ゴセッポイという、全国に稀（静岡県のみ）な「タイ・ポイ」方言を生んだのも、そうした自由な発想のもとでの造語力の結果であり、ほかにも地域独特のことばが生まれている可能性は大いにある。そうした意味での注目が、全国の方言にみられるこの「たい・ぽい」方言にあつまることで、日本語の姿の解明に一石を投じることもあるのではないだろうか。

以下、この種の「たい・ぽい」方言を広く「しずおか方言」の中に拾い、ここではそれらを便宜的に、「タイ・ボッタイ」型、「コイ・ポイ」型、「ナイ・モナイ」型の三つに分類して整理し、列記することにする。

なお、「ナイ・モナイ」型について注記しておくと、この接尾語「ナイ」は、「性質、状態を表わす語に付いてその意味を強調し、形容詞化する」（『日本国語大辞典』）もので、共通語ではダラシナイ、ハシタナイの「ナイ」もこの種のナイである。また、メッソーモナイなどのように「モ」の入ったかたちでも用いられるが、実はこの「ナイ・モナイ」が、否定語の「ナイ」と混同されがちであるのもこの言い回しの特徴である。

一、「タイ・ボッタイ」型

(1)「タイ」型語彙例

【アラクタイ】 (荒々しい・性質や動作などが荒い)○浜岡○アンラクタイとも。西日本に分布。

【イブセッタイ】 (煙い)○駿東郡、岡部、島田○「むさ苦しい」(伊東)、「見苦しい、うっとうしい」(井川)の意も。東京南多摩郡でも「うっとうしい」。

【イヤッタイ】 (嫌だ・好ましくない・うっとうしい)○榛原、大東、細江、豊田、三ヶ日○愛知、愛媛でも。新居、愛知豊橋で「恥ずかしい」の意も。

【オッコータイ】 (おっくうな・面倒な)○新居○オッコーは「おっくう(億劫)」の意(榛原郡など)。

【オベーッタイ】 (汚らしい・嫌らしい)○井川○オベッタイに同じ。

【オベッタイ】 第一章参照。

【オンゾクタイ】 (粗末だ・劣っている)○下田、由比、静岡、藤枝、中川根、島田、金谷、小笠○近世遠江でオソオタイ(『物類称呼』)。静岡県全域で用いられる代表的方言オゾイを「タイ」化した言い方。オゾイ↓オンゾイ↓オンゾクタイでやや強調気味。

【キブセッタイ】（気が重い・窮屈・憂うつな）○井川、静岡近傍○神奈川、長野でキブセー（気塞）と言う。

【キミャーゲッタイ】（いらだたしい）○井川○キモヤケタイの訛語形。

【キモヤケタイ】（いらだたしい・じれったい）○遠州○「肝が焼ける」の形容詞化。

【キュークッタイ】（窮屈だ・気詰まりだ）○新居○本川根および茨城、熊本でキュークツイの言い方も。

【グジュグッタイ】（くすぐったい）○伊豆、駿東郡、沼津、富士○「くすぐる」をグジュグルと言うのが伊豆、駿東郡での言い方。

【クスブッタイ】（くすぐったい）○大須賀、福田、可美、湖西、三ヶ日○遠州で「くすぐる」をクスブルと言う。長野でクスバッタイ、岐阜でクスベッタイとも。

【クボッタイ】（窪んでいる・へこんでいるさまだ）○岡部、浜岡○山梨ではクボイ。

【ゴーギッタイ】（窮屈だ・仰々しい）○浜松○強情なことをゴーギー（浜松）。ゴーギは「たいそう、大げさ、強気」の意。

【コーベッタイ】（弁舌が巧みだ・口がうまい）○春野、龍山、佐久間、水窪○隣の愛知でも。「こうべん（口弁）」の形容詞化。

【コサムッタイ】（うすら寒い・何となく寒い）○大東、新居、遠州○コサブッタイとも。「こさむい（小寒い）」の変形。

【コブショッタイ】 第一章参照。

【シチモクタイ】（色々）○韮山。

【ジャマッタイ】（邪魔くさい・面倒くさい）○新居。

【ジルクタイ】（道などがぬかるんでいる）○清水、静岡、井川○近世『駿国雑志』にもある。愛知、鳥取、香川でも。ジルイ、ジュルイが基本形で、ジンルクタイ（藤枝、小笠）、ジュンルクタイ（岡部、焼津、島田、浜岡）も。

【ズブクタイ】（一通りでない）○『静岡県方言辞典』に「ずぶくたい仕事だ」とある。

【センショッタイ】（お節介やき）○大東○センショーは「お節介、差し出がましい」（富士川以西）。差出口をセンショーグチ（磐田郡）とも。

【センマッタイ】（狭い・狭苦しい）○榛原、浜岡○セマッタイ（富士川、島田）、セバッタイ（掛川）、セバラッタイ（焼津）も。関東でセマッコイとも。

【チックタイ】（小さい）○志太郡、島田○チンビーが基本形。志太、榛原郡で、チンビクサイ、チンブクサイ、チンブクタイ、チンボクタイとも言う。西部ではチービクサイ（磐田郡）、チンジクサイ（浜松）。豊田でチンペケタイも。

【ニブッタイ】（鈍いの強め）○『遠州の方言考』より。

【ハギリッタイ】（非常に悔しい）○南伊豆○「はぎり（歯切）」は「歯ぎしり、歯がみ」のこと。「歯ぎしりする悔しさ」の意。

【ヒジレッタイ】（まぶしい）○『静岡県方言辞典』より。ヒジルイ（まぶしい・同書）が基本形。

【ヒネブッタイ】（まぶしい）○松崎、南伊豆○ヒネボッタイ（西伊豆）、ヒネムッタイ（下田）とも。東伊豆、北伊豆方面は遠州と同じくヒズルシーが「まぶしい」。ヒネ系の言い方は南西伊豆独特の表現。

【ヒンショッタイ】（貧乏くさい・みすぼらしい・貧弱）○掛川、袋井、浜松、佐久間○ヒンソッタイとも言い、遠州方言。「ひんそう（貧相）」から。

【ビンボッタイ】（貧しげ・みすぼらしい・貧相だ）○大東、新居○「貧乏」の形容詞化○山形、長野でビンボータイ。

【ブショッタイ】（だらしない・無精だ・不潔だ）○県○「ぶしょう（無精）」の形容詞化。東部でビショッタイ、西部でコブショッタイ（第一章参照）とも。山梨でブショッタラシー、長野でビショッタイ。ブショッタイは東京、神奈川の一部でも。東北、関東でビショナイ、ビショーナイと言う。香川にもブショナイがある。

【ベンコッタイ】（しゃらくさい・生意気・ぜいたくな）○新居○ベンコータイとも。佐久間でベンコンタイ。駿河（『駿国雑志』）、遠州で言う「ベンコー（弁口）」（口がうまい、差し出たふるまい）の形容詞化。ベンコーは遠州では「派手好み、みえ張り」（可美）の意も。

【マメッタイ】（勤勉だ・かいがいしい・健康だ）○県○「まめ（元気、よく働く）」の形容詞化。埼玉、伊豆諸島、神奈川、山梨、長野でも。東北ではマメシーと言う。

【マンズクタイ】（ひどくまずい・下手だ・不出来だ）○岡部、焼津、浜岡、遠州○「まずい（不味い）」の強調形。マズイは近世語で『膝栗毛』にも。

【マンルクタイ】（丸い・まん丸だ）○大東、遠州○マルクッタイとも。岐阜でも。東海地域（岐阜、愛知、三重）でマルクタイ。関東、山梨でマルッチー。

【ムゴッタイ】（むごい・むごたらしい）○本川根○伊豆諸島大島でも。

【ムセッタイ】（食物などがのどにつかえた時の感じのさま・むせた状態）○岡部、焼津、金谷、御前崎、大東、掛川○「むせる」の形容詞化でムセッポイも。ムセッタイは長野でも。

【メグラマッタイ】（めまぐるしい）○韮山、御殿場、芝川、富士○第二章参照。

【モソグッタイ】（くすぐったい・むずがゆい）○静岡、中川根、島田、御前崎、菊川、掛川、浜松○県中部で言うモソグル（くすぐる）の形容詞化。モソボッタイ（遠州）も。第一章参照。

【ヤブセッタイ】（うっとうしい・うるさい・煩わしい）○県○近世駿河（『駿国雑志』）でも。神奈川、山梨、長野にも。ヤブは「藪」のことか。

【ヤラシッタイ】（みっともない・いとわしい）○水窪○「嫌らしい」の訛形。ヤラシーがもと。志太、榛原郡でヤラシーは「いたずらだ、粗暴だ」の意。

【ユンルクタイ】（緩い・軟らかい）○焼津、浜岡○ユルクタイとも。群馬、長野などでのユルッコイと同じ。

【ヨージッタイ】（用心深い）○新居○「用心たい」のことか。

【ヨンワクタイ】（弱い・弱々しい）○焼津、島田○「弱い」の訛形ヨンワイがもと。岐阜でヨワクタイ。

(2)「ボッタイ」型語彙例

【アセボッタイ】（汗じみている）○浜岡○「汗かきだ」を名古屋でアセゴイ。

【アツラボッタイ】（暑い・暑苦しい・不快に暑い）○岡部、井川、榛原、浜岡、大東、掛川、豊田○アツボッタイとも。「厚ぼったい」の意で言うところ（伊東）も。

【アラボッタイ】（荒い・荒々しい・乱暴だ）○田方郡、三島、沼津、富士川、静岡、焼津、本川根、小笠郡。

【イキレボッタイ】（蒸し暑い・暑苦しい）○浜岡○イキレル（蒸し暑い、不快）から。東北ではイキレッタイ。

【ウスラボッタイ】（薄暗い）○大東。

【オーボッタイ】　第一章参照。

【オゾボッタイ】（気が進まない・嫌だ）○本川根、川根○オゾイは榛原郡で「おそろしい」の意も。

【コグサラボッタイ】（不潔だ・汚らしい）○大東、浜岡、掛川、豊田、浜松○「におう、臭っぱい」（袋井）の意も。

【コグラボッタイ】（小暗い・薄明るい）○岡部、焼津○コグサラボッタイ（焼津）とも。コグラは「小暗い」こと。

【コソボッタイ】（くすぐったい）○本川根、中川根○愛知、岐阜でコソベッタイと言う。

【コソロボッタイ】（舌触りが悪い）○浜松○富士郡のコソッポイ（ざらざらしている）と同類か。山梨ではコソボッタイ。

【サムシボッタイ】（寂しい感じがする）○静岡○サムシーは「寂しい」、ただし、サンムシーは「すさまじい、恐ろしい」（『静岡県方言辞典』）。

【ザラボッタイ】（ざらざらしてざらつく感じ）○浜岡○新潟でザラッポイ（質が粗い）。

【シッケボッタイ】（陰湿な）○浜岡○「湿気ぼったい」で、動詞シッケル（湿気る）の形容詞化とその意味変化か。

ボッタイ。

【シメリボッタイ】（湿っぽい・生乾き）○清水、藤枝、焼津、金谷、浜岡、掛川○岩手でシメ
【ジュルボッタイ】（ひどく柔らかい）○金谷○ジュルイ（柔らかい）が基本形。（ジュル）クタイ形は多いが、（ジュル）ボッタイ形は珍しい。

【ショジメリボッタイ】（湿りっぽい）○焼津。

【ツイボッタイ】（水滴で濡れる。露で濡れる）○西伊豆○ツユ（露）の形容詞化。

【ツカエボッタイ】（胸がつかえる感じ）○大東。

【ヌレボッタイ】（湿っている・濡れた様子だ）○本川根、大東、浜岡。

【ネグサラボッタイ】（腐ったような感じ）○浜岡○ネグサルは食物などが腐る状態で、静岡以西の西日本の言い方。

【ヒデリボッタイ】（光がまばゆい・まぶしい）○松崎、南伊豆○ヒデリは「日照り」か。千葉や伊豆諸島の利島でヒデリッポシーと言う。神奈川、山梨ではヒダリッポシー。

【ヒネボッタイ】（まぶしい）○西伊豆、賀茂郡○ヒネリボッタイ（松崎）とも。

【ムセボッタイ】（むせてしまう・むせそうな）○西伊豆、松崎、榛原○「気づまり」の意（松崎）も。

【モソボッタイ】（くすぐったい）○小笠郡・豊岡○モソモッタイ（『静岡県方言辞典』）とも。

長野でモゾッポイ。

【ヤブセボッタイ】（うっとうしい・うるさい・煩わしい）○清水、静岡、中川根、榛原、相良、御前崎、浜岡○ヤブセッタイ、ヤブセッポイと同じ。

【ヨゴレボッタイ】（不潔な）○浜岡○ヨゴレ（汚れ）の強調形。浜岡で「よごれ放題」をヨゴレタンボー。

【ワスレボッタイ】（忘れやすい）○浜岡○「忘れっぽい」のボッタイ表現。茨城でワスレタイと言う。

二、「コイ・ポイ」型

(1)「コイ」型語彙例

【アマズラッコイ】（気持ちが悪いほど甘い・甘ったるい）○岡部、本川根○田方郡や愛知、島根でアマタラシー。

【ウザッコイ】（嫌になるほど多い・ごちゃごちゃしていて煩わしい）○志太郡○近世俳句にもある。神奈川でウジャッケー。「いやらしい」の意で東京八王子にウザッテーがあり、これが若者言葉のウザッタイのもと。

【ウジャラッコイ】（うじゃうじゃしている・気味が悪い・汚い）○田方郡、三島、由比○ウザッコイ（志太郡）と同意の用法。神奈川でウジャウジャシ。

【ウヤウヤッコイ】（大きくて無気味）○御前崎○ウヤッコイは「多い」（『静岡県方言辞典』）。茨城でウヤッカシー（汚らわしい）がある。

【ウラミッコイ】（うらやましい）○長泉、沼津、富士川、清水○伊豆（韮山）、熱海でウラメシーとも言い、長野、山口でも。

【オーッコイ】（おっくうな）○本川根○韮山では「おっとりしている」、伊豆諸島大島では「肩の荷が下りほっとする」という意。

【オボッコイ】（若いこと・子供じみて世間慣れしていない・初心らしい）○『遠州方言集』より。西日本でオボコイ。

【コマッコイ】（細かい・小さい）○松崎、富士川、由比、井川○コマコイ（藤枝）とも。東京南多摩、長野でもコマッコイ。

【サブラッコイ】（うすら寒い・寒そうだ）○本川根○「サブイ（寒い）」の変化。

【シナッコイ】（柔軟だ・しなやかだ）○伊豆、富士、静岡、井川、岡部、焼津○動詞「シナウ」（弾力があってよく曲がる）から。福島、新潟でも。近畿でシナコイ。

【シミッコイ】（底冷えがするさま・冷える・寒け）○水窪、新居○愛知でも。シミは静岡（水窪）、山梨、長野、岐阜で「寒さ、寒気」を言う。

【シメッコイ】（湿っぽい）○新居○青森でシメリッコイ。

【シロバシッコイ】（白みを帯びている・白っぽい）○富士、金谷、大東○遠州（豊田）でシロバッコイ。長野でシラバシッコイ、シラバッコイ。

【ズブトッコイ】（ずるい・横着だ）○『静岡県方言集』より。「ずるい」は静岡県でスコイが多いが、ズブトイ（森）とも。

【スベラッコイ】（滑らかな・すべすべしている）○韮山、富士川、清水、岡部、焼津、金谷○新潟佐渡、長野でも。スベッコイと同じ。

【チョロッコイ】（弱々しい・動作が鈍い）○富士、大東○「弱い、鈍い」のチョロイ（焼津、遠州）から。関西でチョロコイ。

【ツボッコイ】（大きい・比較的大きい）○島田○新潟で「くぼみがあるさま」。

【ツボラッコイ】（あどけない・可愛らしい）○土肥○関東、長野でも。中世古語の「つぼい」（可愛い、可愛らしい）から。

【トロッコイ】（とろい・とろくさい）○遠州○「とろい」は中世古語で、方言としても幅広い用法がある。トロックサイも同じ。

【ナレッコイ】（なれなれしい）○西伊豆、土肥、富士、由比、静岡、志太郡、榛原郡○「人なつっこい・親しみやすい」の意（土肥、静岡、川根）でも用いる。

【ヌクタッコイ】（暖かい、温かい）○伊東○ヌクタイ、ヌクトイ、ノクトイとも。「ぬくい（温い）」をヌクタイ、ヌクトイと言うのは関東から近畿まで広い。

【ヌラッコイ】（ぬらぬらする・滑りやすい）○遠州○「ぬらぬら」を形容詞化した言い方。「ぬらつく」と同意。

【ヌルマシコイ】（ぬるい・生温かい）○安倍郡（『安倍郡誌』）○三島でヌルマッコイ。東日本でヌルマッコイ、西日本でヌルタッコイが多い。

【ネッツコイ】（熱心な・しつこい）○菊川○茨城、長野でも。ネツイは「熱心、念入り、くどい」の意で各地に。東北と西日本でネチコイ。

【ノロッコイ】（のろい。動作がゆっくりだ）○大東○関東、長野でも。

【ハシッコイ】（ずるい・抜け目がない・すばしこい）○松崎、蒲原、岡部、大東、菊川、浅羽○長野でも。ハシコイは共通語としても。

【ハバシッコイ】（敏しょうだ・すばしこい）○新居○三宅島でも。ハバシーは「抜け目なくこせつく」（遠州）、「物が足りない」（焼津、掛川）、「頻繁だ」（本川根）などの用法がある。

【ヒヤッコイ】（冷たい・冷たい感じのするさま）○県○「ひやこい」の変化で共通語としても。「冷たい」ことをバックイ（『静岡県方言辞典』）とも言う。

【ビヤッコイ】（柔らかい）○下田○高知のビヤコイ（柔らかい）と同じか。海上交流による遠隔地との一致方言か。

【ブゾッコイ】（無愛想だ・機嫌が悪い）○清水、焼津、本川根、島田、小笠、掛川○ブゾッタイ（磐田郡）とも。「無愛想で不機嫌な顔」をブゾッツラと言うのが静岡県の方言。動詞もブゾル、ブゾクル（すねて怒る・膨れる）。東北、関東、山梨、長野まではブスを用いたブスッツラ、ブスクレルである。

【ミリッコイ】（柔らかだ・熟していない・若い）○伊豆、駿東郡、富士、由比、清水、井川○静岡県の代表的方言ミルイの変化形。主に富士川以東で。ミルッコイとも。

【ムジラッコイ】（機嫌が悪い）○周智郡。

【メンドッコイ】（面倒なさま・面倒くさい）○大東○西日本でメンドイ、メンドシー、メンドーナイとも。

【ヤニッコイ】（柔らかい・弱い）○西伊豆、松崎、駿東郡○ヤリッコイとも。小笠郡でヤニコイが「身体がねばねばする」の意。ヤニッコイ（弱い）は茨城、伊豆諸島大島でも。高知でヤリコイとも。

【ヤワラッコイ】（柔らかい）○富士、富士川、岡部、島田、浅羽○東日本でヤッケー、ヤッコイが多い。伊豆でもヤーッコイ。

(2)「ポイ」型語彙例

【アクドッポイ】（味がしつこい状態・くどい）○西伊豆○伊豆や沼津で「味がしつこい」ことをアクドイと言う。遠州でアクドイは「くどくどしい」の意。

【アグネポイ】（もて余すようなさま）○静岡○動詞「あぐねる」（もて余す）の形容詞化。「あぐねる」は共通語では「探しあぐねる」などの用法で。

【アツラッポイ】（暑い・不快に暑い）○大東、浅羽、掛川、可美、浜松○アツラボッタイと同じ。

【イキリッポイ】（蒸し暑い・蒸れる）○静岡、中川根、川根、春野、北遠、西遠○「蒸し暑い」をイキルという地域で。イキレッポイとも。イキレッポイは新潟でも。

【エゴッポイ】（苦くて変な味・あくがあってのどを刺激するようなさま・いがらっぽい）○下田、西伊豆、静岡、吉田、川根、中遠○動詞エゴイの形容詞化。栃木でエゴッタイ。

【カゲッポイ】（飽き易いこと）○賀茂郡○賀茂郡および伊豆諸島（大島）で「飽きる」ことをカゲルと言う。その形容詞化か。

【カスラッポイ】（えぐい・いがらっぽい）○清水○えぐ味がのどを刺激するのを、のどをカスル（掠る）と言ったものか。

【クドッポイ】（味が濃い・しつこい味の感じ）○富士川、島田、中川根、中遠、磐田、竜洋○「くどい」の形容詞化。アクドッポイも同じ。

【コクサラッポイ】（不潔な・汚い）○井川○接頭語コを付けた「腐らっぽい」か。コグサラボッタイも同じで遠州で。

【コセッポイ】（のどなどに不快な感じのすること・のどや身体に触り具合が悪い）○田方郡、三島○コセは関東で「たん（痰）やせき（咳）」のことを言うが関連があるかどうか。

【ゴセッポイ】　第一章参照。

【ゴソッポイ】（ざらつくさま・粗い）○富士川○富士や山梨、長野でコソッポイと言う。中伊豆では「かゆい」意でゴソッポイを。金谷では「いがらっぽい」をコソロッポイ。

【サーケッポイ】（色がさめ易いさま）○本川根○本川根では「色がさめる、あせる」をサーケルと言う。同じく色あせることを新潟（佐渡）、島根でサレルと言う。

【ザラッポイ】（粗こつ・粗相・不行儀なさま）○静岡○新潟でも「質が粗い」の意で。千葉では「大げさだ」の意。

【シミッポイ】　第一章参照。

【ジャケラッポイ】（子供っぽい）○遠州（『遠州方言集』）○長野南部で「ばかばかしい」の意。福井でジャケラクサイが「子供らしい」。ジャケラは静岡県では「あどけない、無邪気」の意。

【ソロッポイ】（そそっかしい・粗こつだ）○『静岡県方言辞典』より○ソロッパイとも。山梨でゾロッポイと言う。四国でゾロが「だらしない、粗こつ」の意。

【ノギッポイ】（むずがゆい・ノギなどがちくちくしてかゆい）○伊豆、芝川、静岡、御前崎、浜岡○稲や麦などの果実の先にある針のような毛を「はしか」とも「のぎ」とも言うのは古語。ノギの形容詞化。ハシカの形容詞化がハシカイ（志太郡、榛原郡）。ハシカッポイも同じで、茨城でも。

【ヒガラッポイ】（ひりひり辛い）○大東、袋井○群馬、和歌山では「えぐい」こと。島田で「長くおいて食物の味が変わってしまっている」のをヒガライと言う。

【ムシャポイ】（乱雑に流れる人）○浜名郡○「乱雑、汚らしい」の「むさ苦しい」「むさい」から。茨城で「粗野で不潔な人」をムシャッポと言う。

【モネキッポイ】（小言を言う）○由比。

【ヤブセッポイ】（うるさい・うっとうしい）○富士郡、豊田○ヤブセッタイ、ヤブセボッタイに同じ。

三、「ナイ・モナイ」型

(1)「ナイ」型語彙例

【アイソシナイ】 (愛想が良い)○島田○「愛想」の形容詞化。長野、三重でアイソシー、兵庫でアイソラシー。

【アンマシナイ】 第一章参照。

【オカシナイ】 (おかしい・変だ・妙だ)○井川○東北などでも言う。

【キーナイ】 (黄色い)○県(主に富士川以西)○キーナイ、キナイは静岡、愛知、岐阜、四国、九州で。「キ(黄)」に接尾語「ナイ」(状態)を付けた語。静岡県での使用度は高い。

【ギゴッチナイ】 (ごつごつしている)○西伊豆○栃木では「窮屈だ」の意。『静岡県方言辞典』にあるギモッチナシも同じ意。ギゴツ、ギコツ、ギモツは静岡、長野でも「円滑でないさま、窮屈なさま」のこと。共通語ではギコチナイ。

【キゼワシナイ】 (気ぜわしい・落ち着かない)○中川根、大須賀、浅羽、可美○キゼワシーと同じで共通語でも。

【ギモロナイ】 (気持ちが悪い)○榛原郡。

【コチョーナイ】（小さい）○新居○静岡県方言コッツイ（小さい）からか。

【コッツケナイ】（極めて小さい）○本川根○「小さい」のコッツイ、コッツイ（静岡県中・西部）が基本形。井川でコッツナイとも。

【コデコナイ】（大きい・とても大きい）○井川、岡部、志太郡○コデッコナイとも。コは接頭語。デカイが基本形。

【コンキナイ】（苦しい・大儀だ）○新居○「骨が折れて大儀、息が切れて苦しい」ことを静岡（遠州）、長野、愛知でコンキーと言う。

【ザッカケナイ】（手荒い・ぞんざい・粗末）○田方郡・韮山・清水・静岡○ザッカケは関東で「無造作、粗雑、粗略」の意。ザッカケナイは東京方言にも。

【サンバクレナイ】（やり切れない）○賀茂郡○語源不詳。

【ショーシナイ】（気の毒だ、可哀相）○本川根○長崎（対馬）でも。同じ意のショーシーが伊豆、静岡、榛原郡で。

【スッチョーナイ】　第二章参照。

【ズデクナイ】（大変大きい）○大東○デコナイ、デッコナイと同類。ズは強調の接頭語。デッカイを長野でズデッカイとも。

【チックナイ】（小さい）○富士川、芝川、由比、焼津、小笠○駿河近世語（『駿国雑志』）にも。

新潟、長野でも言う。チッコイと同じ意。

【チッチクナイ】（小さい）○芝川、由比、小笠○浜岡でチッチキサイ、関東でチッチクサイと言うのと同じ。

【チッポケナイ】（小さい）○浜岡○茨城、長野でも。チッポイ、チッポケは近世語にもある。

【チンビキナイ】（小さい）○大東○岐阜でチンビキタイ、チンビキナイとも。いずれもチンビーが基本形。

【デッコナイ】 第一章参照。

【テバサナイ】（何にでも手出しする・口出しする）○焼津○大東でのテマサナイ（余分なこと）も同じか。語源不詳。

【トカシナイ】（少ない・珍しい・尊い）○大井川、金谷○三重で「乏しい」、滋賀、兵庫などで「もどかしい、待ち遠しい」の意。

【ドデコナイ】（非常に大きい）○井川、岡部、焼津、浜岡、小笠、大東○デコナイに強調の接頭語ドを付けた語。第一章参照。

【ナマデナイ】 第二章参照。

【ヒワデナイ】（か弱い・弱々しい）○『静岡県方言辞典』より○同じ意のヒワズイが静岡、福井、京都などにある。ヒワズイは「ひわづ」（平安語）の形容詞化で方言形。

【ブッソクナイ】（無愛想だ・ぶそーっとしている）○榛原○ブッソーヅラ（不機嫌な顔）などのブッソから。長野でブッソーナイと言う。

【ホーガシャナイ】　第一章参照。

【ミズナリャーナイ】（醜い）○大東○藤枝のミズナリンナイ（だらしない、みっともない）も同じか。同じ意のミヅライ（田方郡、庵原郡）からの語か。ミヅライは栃木、伊豆諸島大島でも。

【モーチナイ】（哀れだ・可哀相だ）○下田○モモッチナイ（むごたらしい）も『静岡県方言辞典』にある。長野ではモゴチナイと言う。いずれも「むげない」が基本形か。

【ヤカナイ】（忙しい・せわしない）○富士郡○『俚言集覧』に駿河の語としてあるが語源不詳。

【ヤケナイ】（やるせない）○『静岡県方言辞典』より○島根、大分で「可哀相だ、気の毒だ」の意。

【ヤチャクチャナイ】（やるせない・どうしようもない・手がつかない）○清水○山形で「だらしない、締まりがない、ひどい」の意。ヤチャクチャは東北で「乱雑なさま」。

【ランゴクナイ】　第二章参照。

(2)「モナイ」型語彙例

【アシャラモナイ】（たわいもない）○豊岡、袋井○アジャラモナイとも。アジャラは田方郡で

「甚だしいさま、よほど」、東北では「めちゃくちゃ、戯れ、無分別」の意。

【アッケモナイ】（予期に反したこと）○『静岡県方言辞典』より○アッケは「呆気」で、思いがけないことに出会って驚きあきれる状態の共通語。

【アンマシモナイ】第一章参照。

【オダイジモナイ】第二章参照。

【カスッデモナイ】（ばかばかしい）○本川根○岐阜、愛知で「無益だ、何ともない」の意。方言カスは無益でたわけたことなどを言う。

【ガトーモナイ】第二章参照。

【ガンコーモナイ】（とてつもない・甚だしい）○井川、本川根○ガンコを「甚だしいさま、多大なさま」で用いるのは東海東山地域での特徴。第二章参照。

【キッサイモナイ】（気味が悪い）○大東○キッサイは「気持ち」（『静岡県方言辞典』）。第一章参照。

【ギョーサンモナイ】（こんなにたくさん・大変多い）○大東、袋井、新居○ギョーサンは「多い、たくさん」の意で西日本の語。ギョーサンモナイは島根と静岡で。ギョーサンタラシーとも言うが、こちらは「表現が大げさ」なこと。

【キョトーモナイ】（途方もない・甚だしい）○沼津、本川根、中川根、菊川、小笠、龍山○近世語「きょうとい」（甚だしい、あきれるほど）から。

【コラッカイモナイ】（大変大きい・もりだくさん・とんでもない）○榛原、大東、浜岡○コラッカイは「大きいさま、たくさんなさま」（田方郡）。ただし同意のラッカイ（静岡、神奈川、愛媛）が基本形で、ラッカイモナイとも言う。

【ササイモナイ】（非常につまらない・非常に小さい）○岡部○ササイは「些細」（小さくわずか、取るに足りないさま）のこと。

【スダラモナイ】（役にも立たない・くだらない）○下田、河津、韮山○スダラ、シダラは「好ましくないありさま」で、シダラナイ（志太郡）とも。富士でソダラモナイ。

【ステキモナイ】（途方もない・甚だしい・すばらしい）○静岡、井川、富士川、本川根、大東、豊田○栃木、茨城、新潟でも。「すてき（素敵）」は「程度が甚だしいさま、めっぽう」の意もある。

【ズデクモナイ】（大変大きい）○大東○ズデクはズデカイ（大いにでかい）のこと。

【タイヘンモナイ】（驚くほどたくさん・大層・大変）○静岡、大東、天竜○タイヘン、ターヘン（大変）は「数量の多いさま、たくさん」（『静岡県方言辞典』）。

【ダダクサモナイ】（非常に多い・むやみに多い）○新居○長野、愛知でも。ダダクサは「多くあるさま、たくさん」（三重）。

【チャチモナイ】（順序がない・乱雑だ）○『静岡県方言辞典』より○チャチは「粗末なさま、

手抜きのさま、いいかげん」の意で近世から。

【テンポモナイ】（途方もない・法外だ）○富士川○新潟、岐阜、三重、滋賀でも。テンポは「甚だしいさま、大きなさま」の意で中部圏、北陸で。

【トッガモナイ】（思いもよらない・とっぴなこと・とんでもない）○岡部、焼津○山梨、愛知、島根（隠岐）でも。西日本でトッケモナイと言う。

【トンキョーモナイ】（大層な・大げさな）○吉田○本川根でトッキョーデモナイと言う。「とんきょう（頓狂）」が「常識はずれ、とんでもないことをするさま」の意から。

【ヒョーキンモナイ】（甚だしい・とんでもない）○川根、小笠、大東、遠州○ヒョンキンモナイ（中川根）とも。ヒョーキンは「甚だしいさま、多いさま、大層」（静岡、岡部、本川根）の意。

【フソーモナイ】（ふさわしくない・大層だ）○由比○『全国方言集』に「不相応モナイ」とある。

【ホーガイモナイ】（甚だしい・大層・とんでもない）○伊東、芝川、大東、掛川、新居○ホーガイは「法外」で「並はずれていること、甚だしい」こと。秋田ではホーガイデナイ。

【メッソーモナイ】「とんでもない・思いもよらない・甚だしい）○県○メッソー（「滅相」）は「甚だしく、大層」（『静岡県方言辞典』）で「めっそうよい天気だ」と言う。メッソーモナイは共通語でも。

【メッポーカイモナイ】（とんでもない・思いがけない・むちゃくちゃな）○岡部、榛原、浜岡、大東、新居○メッポーカイ（「滅法界」）は「並はずれていること、大変」（小笠郡、遠州）。メッポーカイモナイは島根でも。栃木ではメッポーモナイ。

【ヨダラモナイ】　第二章参照。

【ラッカイモナイ】（甚だしい・ぎょうさんだ）○本川根、小笠郡○愛媛でも。ラッカイは「大変、たくさん、法外」の意で、静岡、神奈川、愛媛に。

第四章　しずおか「フィーリング」方言

——擬態語の表現——

章題に「フィーリング方言」という聞き慣れない文句を使用したが、これは事象の状態などを感覚的に捉えて表現するものの言い方を指したものである。

実は、今から三十年も前に刊行の『方言風土記』（すぎもとつとむ・雄山閣）という本の中に使われていた言い方で、著者はそこに「フィーリング（感覚）の方言」と題する付録の記事を書き加え、たとえば、テンヤワンヤ、ケトケト、ムタムタといったたぐいの「フィーリング方言」の簡単な全国比較をされている。

私はこの「フィーリング方言」という言葉を目にした時から、静岡県の方言におけるその実態はどんなものなのかと気になっていた。ただし、その情報集めの仕事は結局はなし得ないままに時を過ごしてきた。

しかし、こうしたフィーリング方言こそが、まさしく私たち庶民のことばを代表するものの一つであり、その「方言」としての重要性をこれまであまり認識しないままにきてしまったのではないか、と近ごろ私は思うようになってもいた。

ところで、ここに扱う「フィーリング方言」は、国語学の方では「擬声語」「擬態語」などと称するものに属している。

擬声語は擬音語とも言われ、物の音や声などをまねて表わす語であり、たとえば「きゃーきゃー」、「がーがー」、「ぼきぼき」などがそれである。一方、擬態語は音を出していない状態を感覚的に言い表わすもので、「てきぱき」、「きらきら」、「ぼんやり」などが該当する。特に、擬音語、擬態語の描写は、古来日本語の特長として会話に文学等に大いにその力を発揮してきたものとされている。

これらの擬声語、擬態語の特徴的なかたちはいくつかある。たとえば擬声語は「(〜)と」を伴うことが多いとか、擬態語は「(〜)する」という動詞化された言い方が目立つといったことなどである。さらに双方に共通してみられるのは、音の「反復」形式で、この反復音を伴う表現形式こそが、ここで言う「フィーリング方言」の最大の特徴ともなっている。

ここでは、その同音反復による「擬態語」(擬音語を含めて)を中心に「フィーリング方言」としてとらえ、たとえば状況、程度やその強調表現なども含めてここに収めるものとする。

いくつかそれらに該当する「しずおか方言」を抽出してみると、伊豆の韮山には「ホーホーとする」(のんびりする、せいせいする)、「ケチャケチャしている」(平気でいる、ちゃっかりしている)という言い方がある。ホーホーにはいかにものんびりとした気分が、ケチャケチャにはその厚かましい雰囲気が、いずれもよくその語音(語感)に表われているように思える。

中遠地域の袋井で言う「タカタカ行っちゃう」(どんどん行っちゃう、ずんずん行っちゃう)にはその動作にふさわしい語感があり、一方、「ニロニロしてきた」(薄日が差してきた)のニロニロなどは、何とも不思議な語意、語感の世界で、案の定全国どこにも見当たらない独特の表現である。

そうしてこれらの語を列記してみると、想像以上に多様な、多彩な表現が静岡県の各地に残されていた事実を知らされる。しかもその大半の語は、こちらは想像通り、『静岡県方言辞典』や『日本方言大辞典』にも収録されていない表現である。すなわちそれらは、県内各地の心ある人たちの手で編まれた方言集などによって知らされるものである。

まだまだ埋もれているフィーリング方言は多いのではないか。前章に見た「たい・ぽい」方言同様、「フィーリング方言」もまた、造語力の可能性の大きな分野であると判断されるからである。地域（場合によっては個人の）独特の言い回しが発揮されやすいフィーリング方言も、やはり日本語の姿を映すものとして見のがせない重要な表現の一つである。そうした観点で、今後もこの種の語彙の集積を図っていきたいと思う。

そしてもう一つ。後半部には、類似音、類語形式による表現を、便宜上「反復変化型」と称して収録した。

これらは、同音反復の擬態語とは性格の異なる、もともと複合語（二つの語の組み合わせ）として成り立っている語もあれば、なかには、上下の同音の反復を避けたり、あるいは語勢によって一部の音が変化したかたちでの擬態語も含まれていたりする。ただ、いずれにしても状態、程度にかかわる表現として用いられるものがほとんどで、これらもまた特徴的な方言表現としてさらに掘り起こしていく必要があるものと思われる。

一、同音反復型語彙例

【アオリアオリ】（青々としているさま）○「川端のあおりあおりしたとこはおっかない」○伊東。

【アグラアグラ】（のろのろ・ゆっくり）○「あぐらあぐらしていると遅刻するよ」○富士○近世語に「あふらあふら」（ぶらぶらしているさま、悠長な動作）がある。その音転か。

【アバアバ】（溺れるさま）○「深みに入るとあばあばしちゃうよ」○新居○新潟佐渡（幼児語）。岐阜、兵庫でも。

【アマアマ】（雨模様）○「急に曇ってあまあましてきた」○『傑作しぞーか弁』より。

【イガイガ】（いがらっぽい）○「この芋はいがいがして食えーない」○中遠。

【イキイキ】（息切れして苦しいこと）○「全力でとんで来たらいきいきしちゃったよ」○韮山

【イジイジ】（絶えず注意するさま・小言を言って干渉するさま）○「あんまし子供らをいじいじするじゃーないよ」○富士○新潟、長野、長崎（対馬）でも。

【イッキライッキラ】（息せき切って・苦しそうに）○「さがしい（険しい）道だんてみんないっきらいっきら登ってたっけ」○富士。

【イヤタシイヤタシ】（いやいやながら）○「いやたしいやたしやるじゃーやらん方がえー」○

本川根○清水でイヤシイヤシと言う。

【イングリイングリ】（ようやく・どうやら・ぼちぼち）○「苦労したけーが、いんぐりいんぐりここまでこぎつけた」○焼津○愛媛でイングリマングリが「曲がり曲がっているさま、ぐずぐず、まごまごしているさま」を言う。

【ウソウソ】（のろのろ・うろうろ）○「うそうそしてると置いてかれるぞ」○富士○北陸や香川、長崎でも。

【ウンバウンバ】（おやおや）○「うんばうんば、これは奇妙なこんだ」○『静岡県方言辞典』より。

【オイシオイシ】（犬をけしかける時に発する語）○庵原郡○小笠郡でオシコイオシコイ。

【オキオキ】（起きるとすぐに・起きざまに）○「寝坊しちゃっておきおきでとんできただよ」○榛原○北陸、近畿でも。

【オシオシ】（惜しみ惜しみ）○「昔は弁当をおしおし食べてたもんだっけ」○榛原。

【ガガガガ】（非常に明るい状態）○「日光の反射であそこだけががががしてる」○大東○新潟、島根のカガカガ（光の輝くさま、まぶしいこと）と同類か。

【ガシガシ】（精出すさま・激しく働くさま）○「あんましがしがしやっても身体をおやす（損ねる）と困る」○本川根、金谷○富士で「気ぜわしく、慌てて」の意。

【カヤカヤ】（のどなどがいがらっぽい）○「こりょー食べるとかやかやするのは何でだやー」○袋井○大東では「胃が痛いさま」を言う。
【カリカリ】（ものごとを仮にするさま）○「大事なもんだでかりかりじゃー困る」○井川、本川根○カリカリマツダイ（急場の間に合わせ、仮のままで放置）の言い方も。
【カンギロカンギロ】（きょろきょろ見回すさま）○「そんなにかんぎろかんぎろしてると怪しまれるぞ」○井川○カンギロメクは「目を光らせるさま」。
【ギシギシ】（堅苦しいさま）○「あんましぎしぎしってちゃー口がききにきー」○富士。
【キナキナ】（けちけちする）○「きなきなした暮らしははー嫌だくなったよ」○『静岡県方言辞典』より。西日本で「くよくよ、思い悩む」の意で。
【キビキビ】（けちけちするさま・物惜しみするさま）○「こればかのこんできびきびすんなと言われてやっきりした」○『静岡県方言辞典』より。西日本でも。
【キモキモ】（きっぱり）○「寸法通りきもきも作ってごろじ」○『静岡県方言辞典』より。山形で「大胆」の意。
【キヤキヤ】（胃などの痛みや胸やけ）○「夜中に胃がきやきやして寝られんかった」○遠州○名古屋で「やきもき」の意。
【ギャーラギャーラ】（体調が悪い）○「退院後もずーっとぎゃーらぎゃーらしてるだよ」○富

士。

【キョンキョン】（あせるさま）○「あの人きんのーからきょんきょんとび歩いてるよ」○伊東○鳥取で「とげとげしい様子」のこと。

【グースコグースコ】（ぐっすり寝ている様子）○「縁側で気持ちよさそうにぐーすこぐーすこしてたっけ」○井川○島根でも。グーグーの変形。

【グザグザ】（愚痴や不平をくどくど言う）○「そんなこんでぐざぐざ言ってもしょんないよ」○井川、本川根○新潟佐渡でも。

【クタンクタン】（病気などで寝たり起きたりしているさま）○「家でくたんくたんしてても仕事が気になるだよ」○金谷。

【グルタングルタン】（ぐるぐると）○「小犬が庭をぐるたんぐるたん駆け回ってらー」○焼津、藤枝、島田○グルサングルサンとも言う。

【ゲショゲショ】（声を出して笑うさま・げらげら笑うこと）○「思わずげしょげしょしてたらひっちかられた」○遠州。

【ゲソゲソ】（げっそり）○「みんな長旅の疲れでげそげそしてたっけ」○富士、島田。

【ケチャケチャ】（平気なさま）○「どんなひどいことを言われてもけちゃけちゃしてるよ」○韮山○「ちゃっかり」の意でも。

【ケチョケチョ】（笑いのさま）○「（小僧が）けちょけちょ笑いながら出て来たって」（昔話より）○下田○長野では「そわそわするさま」のこと。

【ケツケツ】（びくびくする）○「猪に出遭ったくらいでけつけつすんなよ」○『静岡県方言辞典』より。

【ゲトゲト】（げらげら笑うさま・さもおもしろそうに笑うさま）○「げとげと笑ってばっかで話にならん」○岡部、島田、榛原、菊川○本川根でゲトンゲトンとも。

【ケロケロ】（落ち着きなく視線を動かして見るさま・きょろきょろ）○「けろけろ脇見をしてちゃーぶつかっちゃう」○西伊豆、岡部○愛知、島根でも。富士で「けろっとして平気でいるさま」。同じ意味で東北、長野でも。

【ケンケン】（生意気で口やかましいさま・横柄なさま）○「はなっからけんけんしてて近寄り難い人だ」○遠州○東北、四国でも。

【コツコツ】（そろそろ・ぼつぼつ）○「梅雨もこつこつ明けるら」○遠州。

【ゴテンゴテン】（たくさん）○「あの頃は鰹もごてんごてん釣れたっきだよ」○焼津○茨城でゴテゴテ。

【ゴトゴト】（液体の多量に出るさま）○「汗がごとごとになって山から小僧がとんできたって」（昔話より）○韮山○新潟佐渡でも「鼻水がゴトゴト出る」と使う。

【コロコロ】（すっかり・全く・うっかり）○「伝えるのをころころ忘れちゃって申し訳ない」○富士○山形でも。共通語「ころっと」に同じ。

【ゴンベーゴンベー】（五分五分・対等）○「この勝負ごんべーごんべーで終わりにしざー」○井川○岐阜、富山でも。本川根でゴンベータロベーとも言う。いずれも「五分五分」の変化形。

【サワサワ】（落ち着かない・そわそわする）○「朝っからさわさわして何かあるのか」○富士、大東○熊本でも。

【シーコラシーコラ】（一生懸命・必死に）○「しーこらしーこら働いても楽にならにゃー」○伊東○島根でシーコシーコ。

【シカシカ】（しっかり・はっきり・次々・手早く）○「明日までにしかしか決めといてくらっしゃい」○伊豆、熱海、駿東郡○中世語にあり、方言としても広い。富士で「あちらこちらで」、遠州で「ちくちくする、痛がゆい」の意でも。

【ジカジカ】（むしむしと暑いさま）○「今日はじかじかする日でおまけに風もにゃー」○伊東○山形でも「大変暑いさま」。

【シネシネ】（はっきりしないさま・ぐずぐず）○「いつまでもしねしねせんでしっかりやっとくれ」○小笠郡、大東○鹿児島で「しゃあしゃあしているさま」のこと。

【シャゴシャゴ】（お年寄りなどが元気なさま）○「この土地のお年寄りはみんなしゃごしゃご

してるねー」○韮山、三島○四国でも。三島でシャグシャグとも。

【シャビシャビ】（水気の多い飯）○「ばんたびしゃびしゃびじゃーたまんない」○大東○長野でショビショビ。

【シャモシャモ】（知らない知らない）○『見付郷土誌』より。

【シャリシャリ】（お調子にのる・のぼせて騒ぐ）○「祭りだとってあんましゃりしゃりすんな（するな）よ」○金谷、浜岡、浅羽。

【ショタショタ】（よたよた・のろのろ）○「あんなにしょたしょた歩いてちゃーあぶんない」○浅羽、遠州○焼津でショタンショタンとも。

【ジョビジョビ】（軽く・少し）○「腹もすいたでじょびじょび食べて行くか」○焼津○香川で「ゆっくり歩くさま」。

【ショロショロ】　第二章参照。

【シレシレ】（平然として知らん顔しているさま）○「しれしれしてりゃーばれないとでも思ったずらか」○島田○山梨でも。シレットとも言う。

【スカスカ】（ずんずん・どんどん・片っ端から）○「いきなりすかすか食べるもんだでおどけちゃった（驚いた）よ」○浜岡。

【スコスコ】（物をはめこんだ時などのゆるゆるなさま）○「瓶の栓がすこすこで役立たない」

○富士、静岡○近畿地方でも。
【ズルズル】（火のさかんに燃えるさま・どんどん）○「まっと火をずるずる燃してくりょー」
○富士○愛媛でも。
【ズルタンズルタン】（怠けるさま・のそのそ・だらだら）○「ずるたんずるたんやってるもんで夜中になっちまったよ」○清水、金谷○山梨でも。

【ゼカゼカ】（呼吸ぜわしく、ぜんそく加減）○「彼はいつもぜかぜかしてて可哀相だ」○榛原郡○本川根で喘息をゼッカと言う。

【ゾナゾナ】（ぞろぞろ）○「土ん中から虫がぞなぞな出てきた」○大須賀。

【タカタカ】（どんどん・ずんずん）○「用が済んだらたかたか行っちゃったよ」○袋井。

【タブタブ】（水などがこぼれるほど一杯なさま・だぶだぶ）○「風呂の水がたぶたぶしちゃってるよ」○焼津○岩手でも。中世語にもある言い方。

【タヨタヨ】（疲れた感じ・軽い倦怠感）○「身体がたよたよしてしょんない」○島田○東北、四国で「弱々しい、力が抜けたさま」。

【チーチー】（けちくさいこと）○「あの人はちーちーだんて寄付などしないら」○伊豆、富士、静岡○栃木、山梨でも。伊豆諸島でけちな人を「チーッチー」。

【チカンチカン】（ちくりちくり刺されるような感じ・ちくちく）○「虫にやられて背中がちか

んちかんする」○『遠州方言集』より。愛知などでチカチカ。

【チッチラチッチラ】（少しずつ）○「ちっちらちっちら運んでおきゃーあとが楽だに」○焼津○チッチラは「少し、わずか」の意。

【チャビチャビ】（おしゃべりなさま・べちゃべちゃ）○「ちゃびちゃび言うばっかで何もしとらんよ」○掛川○新潟、島根でも。

【チャンチャン】（きちょうめん・きちんと）○「いつでもちゃんちゃんやらんとおえんよ」○『遠州方言集』より○「ちゃんとちゃんと」のことか。

【チューチュー】（服の大きさなどが程良く合っているさま・小さくて少し窮屈）○「おさがりの服がちゅーちゅーで良かった」○南伊豆、富士、遠州○山梨で「窮屈」なさま。

【チョビチョビ】　第二章参照。

【チョンチョン】（調子づいて落ち着きがないさま）○「ちーっとほめられただけでちょんちょんしてるよ」○西伊豆。

【ツーツー】（さっさと）○「呼び止めたにつーつーと行っちゃった」○新居○福岡でツーットと言う。

【ツンツラツンツラ】（不機嫌・つんつんしている）○「いつもつんつらつんつらしてるのは何のせいだか」○静岡、焼津。

【テキンテキン】（固いさま）○「正月餅が乾燥しててきんてきんだ」○大東○山形でテキラテキラ。

【テバテバ】（あまりに派手・けばけばしいさま）○「そんなにてばてばじゃー外にも行けんよ」○藤枝、焼津○古語の「てばてばし」が同意の語。

【テンテン】（急いで・すたすた・どんどん）○「みんなを置いててんてん歩いて行く」○浜松○岐阜、富山でも。

【ドカドカ】（身体が熱く感じるさま・ほてる・気温が高い）○「ストーブを入れたらどかどかして汗ん出てきた」○富士、富士川、岡部○長野、岐阜でも。

【ドサドサ】（草木が繁るさま）○「庭の木がどさどさしてきて暗ぼったい」○大東、豊田○長野で「混雑するさま」。

【トシトシ】（静かに）○「ばたばたしずにとしとし歩け」○大東。

【トチトチ】（おしっこなどのせっぱ詰まったさま）○「とちとちしてんとちゃっとおしっこしてきな」○掛川○『傑作しぞーか弁』より。岡山で「慌てふためく」さま。

【ナガランナガラン】（時間をかけて・のろのろ）○「ながらんながらんやってちゃー今日中にやれげない（できない）」○富士○「ながなが（長々）」の音転。

【ナンナン】（子供がよちよち歩くさま・あんよするさま）○「お婆ちゃんの所へなんなんして

おいで」○金谷。

【ニカラニカラ】（うす笑いするさま・にやにや）○「叱られてるのににからにからしてんじゃないよ」○富士○長野でニカリニカリ、ニカニカと言う。

【ニャーラニャーラ】（笑い顔して・にこにこして）○「いつもにゃーらにゃーらして愛想の良い人だ」○富士。

【ニョコニョコ】（勢いよくあらわれ出るさま）○「蛇の子はにょこにょこって普通に生まれちゃったあ」（昔話より）○韮山○「にょきにょき」と同じ用法で近世語にも。

【ニロニロ】（薄日が差すさま）○「雨雲がとれてにろにろしてきたよ」○袋井。

【ニンニン】（その人その人・めいめい）○「やるやらんはにんにんにんだで文句は言わん」○榛原○中世語にも。「人人」のこと。

【ノエノエ】（のんびりするさま）○「泊まりの客も帰ってのえのえしてるところだ」○静岡○『傑作しぞーか弁』より。

【ノーノー】（さっぱりするさま・安心な様子）○「やっと陽気も良くなってのーのーした」○田方郡、西伊豆○近世文学にも用いられている。

【ノツノツ】（もて余して悩む・のどに詰まったりして苦しむさま）○「食べ過ぎでのつのつしちゃってるだよ」○富士○大阪でも。身体が「伸（の）っつ反（そ）っつ」から。

【ハースハース】（ハアハアと荒い息をするさま）○「少し走っただけではーすはーすしてるよ」○焼津、大井川。

【バカーラバカーラ】（眠れないでうつらうつらしているさま）○「気が立って一晩中ばかーらばかーらしてた」○三島。

【パカラパカラ】（うかうか・いたずらに時を過ごすさま）○「長い間ぱからぱから過ごしてきちゃったもんだ」○韮山○富士で「空費」の意の「パカパカ」がある。

【ハギハギ】（手際よく物事を処理する）○「締切までにはぎはぎ仕事を進めておきな」○大東○遠州でパキパキとも言う。

【ハクハク】（どきどきするさま）○「峠を登ってきたもんでまだはくはくしてるよ」○遠州○宮城でハカハカと言う。

【ハシハシ】（敏速に・きびきびと・てきぱきしたさま）○「仕事をはしはしやれと言っておいたじゃんか」○清水、本川根、中川根、佐久間、新居○長野や関東でも。

【ハスハス】（物事のかろうじて間に合うさま・ぎりぎり）○「大急ぎでとんでってはすはす間に合ったっけ」○中川根○四国、九州でも。ハツハツ（富士、遠州など）とも。

【バタバタ】（犬かき泳ぎ）○「あの子はまだばたばたなんか」○『遠州方言集』より。

【ハッパハッパ】（もうないこと・おしまい）○「これでもうはっぱはっぱだよ」○『静岡県方

言辞典』より。幼児語。山梨でハッパ。

【ハラッカハラッカ】（はらはらするさま・冷や汗ものの様子）○「子供の運動会ではらっかはらっかさせられたよ」○富士。

【ハンスンハンスン】（息を切らしてあえぐさま）○「きーっつい山登りで皆はんすんはんすんしてらー」○本川根○ハースハースと同じ。

【ヒーコラヒーコラ】（やっと・少しずつ・音を上げるさま）○「こんなことぐらいでひーこらひーこらしてんじゃないよ」○富士、静岡。

【ヒグヒグ】（もたつくさま・やっと）○「そこでひぐひぐしてると次へ進めにゃー」○富士○岩手で「落ち着きのないさま」。

【ヒケヒケ】（気がひけるさま）○「私だけが余分にもらうなーひけひけせるよ」○新居○長崎で「びくびくする」意。

【ヒコラヒコラ】（子供が夜遅くまで眠らずにいるさま）○「年越しだもんで子供らもひこらひこらしてるだよ」○井川○東北でヒカラヒカラ（宮城、山形）。

【ヒョコタンヒョコタン】（のこのこ歩くさま）○「あの子は街道を一人でひょこたんひょこたん歩いてたよ」○中川根。

【ビリダラビリダラ】（のんびり・だらだら・ぐずぐず・のらりくらり）○「びりだらびりだら

してないでちゃーっとやっちゃいな」○岡部、藤枝、島田○ビリンダラン（岡部）とも。ビリダラは新潟でも。「のんびりだらだら」か。

【ヒロヒロ】（もの欲しそうにするさま）○「子供なんざーいつでもひろひろしてるもんだに」○静岡、岡部、川根○中部圏、西日本での用法。

【ブソブソ】（ふくれっつらや不満顔をするさま）○「怒られてぶそぶそしてたらぶっさらわれた」○岡部、島田、大東○東北ほかでブスブスと言う。静岡県でブソクレル、東北、関東でブスクレルと言うことから。

【フルフル】（甚だしく嫌悪するさま・まっぴらだ）○「いくら誘われてもあんなこたーふるふるるだ」○伊東○九州（福岡、長崎）でも。

【ベーベー】（べそべそするさま）○「すぐにべーべーしるなんて、笑われちゃうよ」○韮山、富士。

【ベーラベーラ】（しくしく泣くさま）○「いつもべーらべーらして困った子だよ」○清水○埼玉（秩父）でも。

【べカベカ】（とても薄いさま・軟弱な状態）○「こんなべかべかじゃーじっきに駄目になる」○遠州。

【ペカペカ】（顔がほてるさま）○「今日はなんでこーたに（こんなに）ぺかぺかするだか」○

三島。

【ベショベショ】（ややもすればすぐ泣くこと）○「気が弱い子だんていつもべしょべしょするだよ」○蒲原。

【ヘタヘタ】（しなしなする・しなうさま）○「竹はへたへたしてるんて簡単にゃー折れん」○蒲原、岡部。

【ベトベト】（ぐずぐずする）○「べとべとせずに早くこっちへ来（こ）ー」○『静岡県方言辞典』より。

【ベリベリ】（すぐ泣くこと・泣き虫なさま）○「ちとばかのこんでべりべりしんな」○焼津○新潟佐渡でベリベリシーが「おもねる態度」のこと。

【ヘロヘロ】（うろうろ・ぐったりのさま）○「町ん中でへろへろしてると迷子になっちゃうよ」○浜岡。

【ベンカンベンカン】（無為に時間を過ごすさま・安閑としたさま）○「ここでべんかんべんかん待っててもしょんにゃーよ」○志太郡、本川根○ベンカラベンカラとも。ベンカンは岐阜（飛驒）でも。

【ホーホー】（のんびりする・せいせいするさま）○みんな出払って独りでほーほーしてるだよ」○韮山、富士○遠州で「大げさに誇張して言うこと」。島根（出雲）でホーホが「緊張がとれて気抜けしたさま」の意。

【ホカホカ】（大喜び・満悦の状態）○「今度の仕事はかなりの儲けでほかほかだら」○遠州○東北でも。共通語で「ほくほく」。

【ホキホキ】（ほろ酔い加減のさま）○「ちっと一杯やったらほきほきしてきたよ」○本川根○新潟、石川でも。近世語「ほぎほぎ」が「酔いのまわるさま」を言う。

【ボキボキ】（くよくよするさま）○「それぐりゃーのことでぼきぼきするな」○西伊豆○韮山で「ボキボキイウ」は「つっけんどんに物言う」こと。

【ホタホタ】（自慢げな様子・ちやほや）○「ほめられてほたほたして帰ってったよ」○遠州○ホトホトとも。

【ボッシャボッシャ】（濡れそぼる・ひどく濡れるさま）○「突然の雨でぼっしゃぼっしゃだー」○土肥○鳥取でボッシャリと言う。

【ボッチリボッチリ】（徐々に・ぼちぼち・少しずつ）○「急がずにぼっちりぼっちりやりゃーえーよ」○中川根○奈良、鳥取でも。大東でボッツラボッツラ。「ぼちぼち」の変化形。

【ホトホト】（焚き火などで暖まるさま）○「冬の焚き火はほとほとして気持んえー」○大東○新潟佐渡でも。共通語で「ほかほか」。

【マグマグ】（まごまご・ちゅうちょするさま）○「どう行っていーのかまぐまぐしてただ」○

豊田○山形でも。

【ミリミリ】（ふっくら・まるまるしている）○「みりみりしてずいぶん食べでがある」（昔話より）○西伊豆。

【メコメコ】（早く飲食するさま）○「そんなめこめこ食いじゃー胃を悪くするぞ」○『静岡県方言辞典』より。

【メソメソ】（夕方・たそがれ）○「そろそろめそめそしてきたんて家に帰らざー」○富士、庵原郡、静岡、本川根、遠州○長野でも。第二章参照。

【メタメタ】第二章参照。

【ヤキヤキ】（気がもめていらだつさま・やきもき）○「やきやきしたってこれ以上やらずよーがない」○県○他県でも広く言い、近世文学にも。ヤッキリのもとの形か。

【ヤミヤミ】（あやしい空模様）○「さっきまで晴れてただん（のに）、急にやみやみしてきた」○金谷○新潟で「いとわしいさま」。

【ヤンヤン】（やかましく言うさま・やいのやいの）○「早く仕上げろと皆にやんやん言われる」○三島。

【ユサンユサン】（ゆさゆさ・揺れ動くさま）○「風で吊橋がゆさんゆさん揺れてるよ」○富士、静岡、遠州。

【ヨイヨイ】（子供を背負うこと・おんぶするさま）○「子供をよいよいして遊びー行った」○静岡、島田。

【ワーサワーサ】（騒がしいさま）○「家ん中で子供らんわーさわーさしちゃってる」○大東、遠州○「わーわー」の変化語。

【ワラワラ】（慌てて走るさま・ばらばらと）○「呼び出されてわらわらとんできただよ」○田方郡○東北、茨城でも。

【ワンツクワンツク】（口うるさく言うさま）○「はたからわんつくわんつく言われてやっきりこいたよ」○遠州。

二、反復変化型語彙例

【アイサコイサ】（ところどころ・あい間・時々）○「山のあいさこいさに家がある」○静岡、焼津、島田、豊田、遠州○アイサコーサとも。アイサは「あい（間）」のこと。

【アイマコイマ】（間々・時々・たびたび）○「仕事のあいまこいまにやってくれりゃーえーよ」○静岡、大須賀、大東、豊岡○アイマコーマとも。新潟、岐阜、島根などでアイマコマ。コイマ、コマは語勢を強めるために添えた語（『日本方言大辞典』）。

【アクザモクザ】（あらん限りの悪口・あーだこーだ）○「あれぐりゃーのこんであくざもくざ

言わんでもいいに」○静岡、焼津、本川根、榛原、御前崎○志太郡で「種々雑多のもの」。アクゾモクゾ（遠州）、アクタモクタとも。全国に類語形がある。

【アッカンマッカン】（赤いこと・真っ赤）○「いかくてあっかんまっかんな海老だ」○焼津。

【アッパサッパ】（はっきり・すっきり）○「身体の調子があっぱさっぱしない」○伊東○山口で「心せわしいさま」。

【アツベコツベ】（ちぐはぐ・色々集めて間に合わせる状態）○「急いで作ったけーが、やっぱあつべこつべだわい」○焼津○榛原でアツメコツメ。アツベは「集め」。

【アベランコベラン】（反対・あべこべ）○「これじゃー順序があべらんこべらんだ」○御前崎○志太郡でアンベーコンベー。

【アリャーコリャー】（反対・あべこべ）○「戸がありゃーこりゃーで閉まんない」○西伊豆、岡部、遠州○他県各地でアリャコリャ。近世文学にも。

【アワイコワイ】（時々・合間・まれに）○「遠慮せんとあわいこわいに来っせーよ」○遠州○山形でも。空間にも時間にも言う。アワイは「間」のこと。

【イッショーマッショー】（一生涯）○「いーからかんな性格だといっしょーまっしょー苦労するよ」○富士○神奈川、山梨、新潟でも。「一生末生」の意。

【ウッツカッツ】（互角のさま・五分五分・どっこいどっこい）○「二人の実力はうっつかっつ

だ」○富士、清水、静岡、菊川、新居○近畿、九州でも。岡部で「大体のところ、ほぼ」の意でも。

【ウンプテンプ】（駄目でもともと・運次第）○「ここまでやりゃーあとはうんぷてんぷだ」○焼津○山形、長野でも。「運否天賦」のこと（『日本方言大辞典』）。

【エンザリモンザリ】（のろのろと）○「えんざりもんざりやってると終わりゃーせん」○焼津○長野でエンザラマンザラが「ゆっくり」の意。

【エンジャモンジャ】（重い物を運ぶ時の掛け声）○「いかい石をえんじゃもんじゃと運んでった」○蒲原。

【オッツカッツ】（似たりよったり・ほぼ）○「はーおっつかっつ昼飯時ら」○岡部○ウッツカッツと同じ。

【オモッセコモッセ】（年末）「正月準備でおもっせこもっせはゆるせくない」○御前崎○オモッセは年の暮や大晦日（県下中・西部）、コモッセは大晦日の前日（水窪）。オモッセは関東、山梨、長野で。

【オンボロサンボロ】（ぼろぼろの衣類）○「長年着てたらおんぼろさんぼろになっちゃったよ」○井川、小笠郡、水窪○他県でも。焼津で「失敗」の意でも。

【カサリホザリ】（かたかた、ちょろちょろする動作）○「いつもかさりほざりして落ち着きんない子だ」○榛原。

【シャランプラン】（怠惰・怠け者）○「そんなしゃらんぷらんじゃー情けにゃー」○富士川○「ちゃらんぽらん」に同じ。

【シンナリクンナリ】（はっきりせずあいまいなさま）○「何を聞いてもしんなりくんなりでやきやきするよ」○富士○東京八王子でシンナリグンナリが「病状が一進一退するさま」。

【ズズモズ】（動作が緩慢なさま・もたもた）○「ずずもずしてると電車に間に合わん」○本川根。

【ズダイコダイ】（まるで・全く・少しも）○「こんなんじゃーずだいこだい話にならん」○県○ドダイコダイとも。ドダイコダイは中国、四国、九州でも。「どだい（土台）」（もともと）から。

【スッペコッペ】（ちょびちょびする・何のかんのと文句を言う・生意気な者）○「あいつはすっぺこっぺで上司の嫌われもんだ」○県○『全国方言集』より。千葉で「こざかしいさま」。

【セセリホセリ】（ぽつりぽつり）○「せせりほせり菓子を平らげた」○静岡○『傑作しぞーか弁』より。

【タッツヒッツ】（立ったり座ったりするさま）○「長時間たっつひっつで疲れちまったよ」○浜岡。

【タランクラン】（だらだらしている・ぶらぶらしている・だらしない）○「いい若い者がいつまでたらんくらんしてるだ」○富士、大東、浜岡。

【チーチクターチク】（ちぐはぐ・帯に短したすきに長しの様子）○「彼のやることはちーちくたーちくで歯がゆいなー」○韮山。

【チチボチ】（ひそひそと・少しずつ）○「ちちぼちと話してるもんだできびがわりー」○焼津。

【チンガリマンガリ】（目先をちらつくさま・目障りなさま）○「ハエのやつんちんがりまんがりしてうるさくてたまらにゃー」○岡部、焼津○島田では「曲がりくねる」意。小笠郡でチンガマンガ。山梨南部でチンガマガ。広島でチンガマンガが「行き違い」の意。

【チンナイボンナイ】（どうにかこうにか・少しずつ・細々と）○「チンナイボンナイ生きられりゃーそれで良しとするだよ」○金谷、浜岡○チンナリボンナリとも言う。熊本ではチンナリタンナリと言う。

【テッキリパッキリ】（はっきりとけじめをつけるさま・はっきりしている）○「後腐れのないようにてっきりぱっきりしておきな」○本川根○北関東でテッキパッキ。

【デッコミハッコミ】（でこぼこしている・不揃い）○「山道はでっこみはっこみで歩きにきーなー」○西伊豆、土肥○神奈川でデッコミヒッコミ、仙台でデックマバックマ。

【テッチャマッチャ】（手早くするさま）○「ぐずぐずしないでてっちゃまっちゃするさよ」○焼津。

【テレンクレン】（のらりくらり・ぐずぐずしているさま）○「てれんくれんして仕事をさぼっ

てちゃーおえんよ」○遠州○島根（隠岐）でも「ぐずぐずして仕事がはかどらないこと」。

【テンコマンコ】（高いところ）○「時々使うものだに、こんなてんこまんこに揚げちまって」○御前崎。

【ドーデコーデ】　第二章参照。

【ドーナリコーナリ】（どうにかこうにか・かろうじて）○「みんなの力でどうなりこうなり仕上がった」○大東○近世語にもある。香川でも。

【ドダイコダイ】（まるっきり・全然・たくさん）○「そんな考えではどだいこだいものにならん」○井川、静岡○新居では「非常に・たくさん」の意。西日本各地でも。

【トチュームチュー】　第二章参照。

【トッツキヒッツキ】（まつわりつく）○「孫達がとっつきひっつきで疲れるよ」○焼津、大井川。

【ドドマド】（どぎまぎ・うろたえて慌てるさま・まごまご）○「隠し物がばれちゃってどまどしてるよ」○本川根。

【トンガリヒンガリ】（とがっているさま・とがったとこばかり）○「あの山のてんこつはとんがりひんがりで登れーない」○焼津。

【ナッチョレカッチョレ】（何とかかんとか・どうにかこうにか）○「細々とでもなっちょれか

っちょれ商売するさ」○西伊豆○ナッチョーは「どうにか」（静岡、長野）。

【ナンデカンデ】（どんなことがあっても・何でもかんでも）○「雨でも風でもなんでかんでやらにゃーしょんない」○遠州○東北、岐阜でも。

【ナンニモカンニモ】（なんにせよ・全然・どうしても）○「あの人に頼んでもなんにもかんにもやれーえないだよ」○岡部○三島でナンニャカンニャ。

【ニタカヨッタカ】（似たようなもの・どっこいどっこい）○「彼らだってこっちとにたかよったかの連中だに」○大東、掛川、豊田○「似たり寄ったり」の変形。

【ニッコリホンゴリ】（思い出し笑い）○「にっこりほんごりしてんのは良いことがあった証拠ずら」○焼津○長崎でホンゴリホンゴリが「暖まるさま」を言う。

【ネッキリハッキリ】（完全に・すっかり・もうこれで終わりだということ）○「もめてた件はこれでねっきりはっきりだ」○遠州○宮城（仙台）でも。近世語にも。「根切葉切」のことらしい。

【ネッチラホッチラ】（ぐずぐず・はっきりしないさま）○「ねっちらほっちらしてないですぐ出てこい」○駿河○『全国方言集』より。大東でネッチリハッチリ、島根でネッチリモッチリとも。

【ビシャクシャ】（雨などが降る状態を言う）○「雨がびしゃくしゃ降ってるよー」○遠州。

【ヒッツリハッツリ】（遠い親類など・なんやかや関係が深いこと）○「あの家とはひっつりはっつりで仲が良いだよ」○遠州（中遠）○ヒッツリヒッパリ（焼津・水窪）

【ブソンクソン】（不機嫌にしているさま）○「なにが不足であんなにぶそんくそんしてるだ」○榛原○「膨れる」のブソルがもと。

【ヘタラクタラ】（むやみに・やたらに）○「あらたまった席ではへたらくたらしゃべるな」○富士、岡部、焼津○兵庫でヘッタラクタラ。

【ヘッコマッコ】（不安定なさま）○「この箱はへっこまっこしてあぶっかしー（危ない）」○富士○和歌山でヘゴイゴが「不安定なさま」。

【メサイコサイ】（細大漏らさず・あれもこれも）○「そん時の様子をめさいこさい話してくりょー」○金谷、菊川、大東○榛原でメザイコザイとも。

【ヤタラクタラ】第二章参照。

【ヤヨームヨー】（そこら中・縦横無尽・四方八方）○「花見客のゴミがやよーむよーに散らばっとる」○浜岡、大須賀○「ひどくもつれ合うさま」（大東）にも。徳島でヤヨーコヨーが「複雑なさま」。

【ヤンガサンガ】（大忙し・取りあえず・しゃにむに）○「客が来るだんてやんがさんが掃除をしとかにゃー」○静岡、焼津。

【ヤンブレサンブレ】（破れた着物・ボロ衣）○「昔しゃーやんぶれさんぶれ着て田畑に出ただよ」○遠州。

【ヨッツキサッツツキ】　第二章参照。

【ヨッツキヒッツツキ】　（うるさいほど寄り添うさま・ぴったりくっついて）。「よっつきひっつきして頼まれたってどーにもならん」。大東、小笠郡。

第五章　天候・時間の「しずおか方言」

日本は四季の移り変わりのはっきりとした国である。そうした気候を有する風土の中にはぐくまれた日本語は、自然に対するこまやかな感性を土台としている。

この気候に関する表現の、なかでも「雨」にかかわる言葉（語彙）の多さが、日本語の特色の一つとして早くから指摘されてきた。日本では、雨はたしかに四季それぞれに降るわけで、そうした季節ごとの雨と同時に、その微妙な降り方の違いなどにも、さまざまな雨の呼称を生んできた。「さみだれ」「梅雨」「夕立」「時雨」など、それだけで季節と雨の降り方までが察せられる言い方は海外には稀で、なかなか他国語に訳せない日本語の例として、こうした気象用語があることも知られている。

静岡県は、日本の中でも最も自然的要素に恵まれた、あるいは変化に富んだ地域でもある。南北に海あり山ありのその地勢は、たしかに日本一温暖な地でありながらも、雪降る冬を迎える山間地もあれば、年中海風の吹きつける半島部、沿岸部もある。

そうした、サト、ヤマ、ウミの、環境異なる土地にそれぞれのなりわいを得た人たちの生活の中で、はたしてどんな気象用語が語られているのだろうか。

たまたま、平成18年に刊行された静岡県民俗学会編『中日本民俗論』には、静岡県そして中日本の「風位名」に関する報告および考察二編が掲載されており、そこには風土と生活にかかわる多くの風名資料が収められている。

いま、ここには、静岡県の気象、とりわけ空模様に関する「しずおか方言」を取り集め、なかでも「雨」にかかわる表現や、併せて、季節のつれづれ、時間（時日）を言い表わす方言語彙を扱ってみようと思う。

たとえばそこには、サジクといった、平安以来の伝統ある雨の表現が伝えられたり、タテコージンといった、いかにも方言らしい個性的な雨の表現もある。あるいは露をコザルと言う興味深い農村部の語もあれば、朝夕の薄明時をマズメと言う、漁労生活に直結した時間の用語も語られている。

地域の、こうした分野の方言をまとめて記載することも、これまでの一般的な方言書ではあまり見られなかったことである。

できれば本書をきっかけに、各地のそれらの語彙に注意が払われ、より詳細な表現の実態が明らかになっていくことを期待したいと思う。それはたぶん、小学生や中学生諸君の、郷土調査の一環による方言調べなどでの格好の材料ともなるはずである。そこに郷土の先人たちの、身近でゆたかな表現の一端を見いだしたりするのではなかろうか。

一、天候・気象・風土の語彙例

天気

【アーリ】（漁や農作業のための天候・天気）○浜松、新居○アリとも。浜松（篠原）で「風向き、潮の具合」の意も。御前崎では台風後の陽気やその波をアーレと言う。茨城、千葉では「天気、日和」をアワイと言う。アーリは静岡県西部に特有の表現で、語源不詳。あるいは太陽の昇る「上がり」からか。鹿児島、沖縄では、太陽の昇る「東」を指してアガリ（鹿児島）、アーリ・アリ（沖縄）と言う。

【ヒヨリ】（天気・天候）○県○韮山で「お天気まかせ」のことをオヒヨリバンジョと言う。南伊豆では、船出のため天気、風向きを見定めるヒヨリミ（日和見）に利用した山をヒヨリヤマ（日和山）と言う。

晴天

【アカッピ】（上天気・晴天）○本川根○「明っ日」の意か、と『本川根方言考』にある。奈良で「上天気、天気の良い日」をアカテンキと言う。アカは名詞の上につけてそれを強調する接頭語の用法がある。

【イイアタリ】（良い天気）○浜松。

【オノンキ】（上天気・晴天）○『静岡県方言辞典』より。「呑気（のんき）」（晴れ晴れとした気分）からか。

【シケアイク】（時化のあとの陽気）○御前崎。

日照り

【オテリ】（日照り・干天）○伊豆でテリ、中部から西部でオテリが多い。「照る」の名詞化。山梨、三重、新潟でも。

晴天祈願

【ヒヨリゴイ】（晴天祈願の行事）○御殿場、富士宮○「日和乞い」のことで、長雨が続いたりする時に行われる。霧の多い富士山麓では、霧雨を除けるヒヨリゴイもあった。

【ヒヨリモーシ】（晴天祈願の行事）○松崎○「日和申し」のことで、ヒヨリ（晴天）を神に「申し願う」意。四国、九州でも言う。

曇天

【トロケル】（天気が曇る）○『静岡県方言辞典』にある珍しい言い方。どんよりとした状態になるトロムと関連するか。

雨模様・雨曇り

【アマアマスル】（雨模様になる）○『傑作しぞーか弁』より。「雨」を動詞化した言い方。

【アマケ】（雨の降りそうな気配）○御前崎○「雨気」のことで古語。平安時代の『源氏物語』にも「うちしめりて、あまけあり」とある。沖縄でアマガテと言う。

【アマケズク】（空が曇って雨が降りそうになる）○新居○「雨気付く」で、近世語にも。

【アマケル】（雨が降りそうな空模様になること）○本川根○アマケを動詞化した言い方で宮城でも。

【フリケ】（雨が降りそうな天気）○水窪○「降り気」の意。

【ヨーダチゲ】（夕立が来そうな気配）○水窪○ヨーダチは夕立で「夕立気」の意。兵庫でヨダチゲと言う。

雨降り・雨天・降雨

【アゲアメ】（降ったりやんだりする雨）○富士。

【アマケ】（雨降り・雨天）○菊川、小笠郡、遠州○県西部では「雨降り、雨の日」の意で用いるところが多い。

【シケル】（雨が降る）○井川○シケは関東、東海東山地域を中心に「長雨、雨」を言う。その動詞化シケルは茨城、新潟、長野でも。

【ジブリ】（本格的な雨降り・本降り）○本川根○「本降り」の意では、神奈川、滋賀、岡山、鹿児島でも。「長雨」の方が福島から鹿児島までと広い用法。

【ビシャクシャ】（雨等が激しく降る状態）○遠州○ビシャ、ビチャは水分の多さの形容。

雨・雨粒・雨滴

【アマクソ】（雨粒）○静岡、焼津○アマックソが『安倍郡誌』にある。清水で「アメクソガトブ」は「ばらばらと雨が降りはじめる」ことを言う。

【アメコンコ】（雨）○大東、大須賀○「雨」の幼児語。田方郡でアメコンコン。

【コンコサマ】（雨）○小笠郡○幼児語。田方郡でコンコンサマ。コンコ、コンコンは雨、雪、あられなどの降るさま。「コンコンが降る」とも言う。

【ヒトサバラ】（ひと雨）○焼津○本川根でヒトシャバラ。バラ、バラバラは雨にかかわる語としても用いられる。

【ブンブ】（雨）○庵原郡○幼児語で、「水」を言うところも広い。庵原郡では「酒」をも言う。

慈雨・干天時の雨

【オシメリ】（降雨・干天時の慈雨）○富士、静岡、新居○干天時に待ちこがれた雨が降ることをシメリ、オシメリと言うところは広い。雨乞い後の雨もオシメリである。

雨降り休み・雨降り祝い

【アメフリショーガツ】（雨による仕事の骨休め）○岡部○遠州でのアメフリショーガツは、田植え時の農繁期を終えて農休みに入る際に降る雨を喜び祝い合うこと（『遠州方言集』）。

【アメフリヤスミ】（晴天後の久し振りの雨による休日）○天城湯ヶ島。

【オシメリショーガツ】（雨乞い後に雨が降った時のお祝い・お礼参り）○岡部、天竜○雨乞いがさかんだった頃は各地にあった。

【オシメリゼック】（干天後の雨による休み・祝い）○清水、静岡、岡部、焼津○清水の『船越村名主日記』（近世）にはシメリゼックが毎年記されている。

にわか雨・通り雨・夕立

【ウレー】（夕立・にわか雨）○岡部、周智郡○ウルイ、ウリ、ウレは、西日本で「雨が降ること、慈雨」などの意。「うるい（潤い）」のこと。

【カンダチ】（にわか雨・雷雨）○南伊豆、伊東○御前崎で「夕立雲」をカンダチグモと言う。カンダチを夕立やにわか雨に使うのは東北、関東に多い。

【ザーザアメ】（夕立・大雨）○遠州○沼津、焼津でザーザーとも。

【ザンザ】（にわか雨・時雨）○志太郡、遠州○ザンザアメ（遠州）とも。ザンザビヨリは遠州で「にわか雨が時に来てはすぐまた日が照ること」（『遠州方言集』）。

【ザンザン】（夕立）○三ヶ日、新居○愛知でも。

【シャバラ】（急に降り出して間もなくやむ雨・驟雨）○本川根○「ひとしゃばら来そうだ」などと言う。

【バラサ】（にわか雨・通り雨）○伊東○長崎で「雨がばらばら降ること」をバラメクと言う。バラメクは中世の『日葡辞書』にも。

【フッカケ】（にわか雨・夕立）○菊川○関東でも。伊豆諸島八丈島でブッカケ、ブッカキアメと言う。

【ヨーダチ】（夕立）○県○新居ではヨーダチサマと言い、水窪では夕立が来そうな天気をヨーダチゲと言う。「夕立（ゆうだち）」をヨーダチと言うのは中部圏、西日本に多い。

【ヨーダチアメ】（にわか雨・驟雨）○駿東郡、周智郡○焼津で「夕立」、兵庫で「雷雨」のこと。

小雨・霧雨・小ぬか雨

【キリノションベン】（高山の小ぬか雨）○井川○長野南部でも。静岡、長野の両県のみの言い方。

【ケアメ】（毛のように細い雨・小雨）○本川根、榛原、大東、水窪、新居○東海東山地域でケアメ、ケサメが多い。大東、磐田ではケンケアメとも言う。

【サーケ】（霧雨）○静岡、藤枝、志太郡、本川根○サワケとも。神奈川でも。霧のような細かい水しぶきを庵原郡や焼津でサーケ、神奈川でサワケと言う。

【ナゴノションベン】（小雨ですぐ晴れる雨・糸雨・霧雨）○富士、静岡、新居○ナゴは静岡とその周辺の県で「霧」のこと。ナゴノションベンは静岡のみ。

霧・もや・かすみ（霞）

【ナゴ】（霧・もや）○県○ナゴは東海東山地域に多い言い方。ナーゴとも。富士郡で「入道雲」のこととも。

梅雨・長雨

【アメズイリ】（入梅・梅雨入り）○水窪、新居○「雨梅雨入り」か。

【シケ】（長雨・幾日も降り続ける雨）○富士郡○シケを「長雨」の意で用いるのは関東と東海東山地域が主。榛原郡でシケビヨリとも言う。

【シブシブアメ】（梅雨のような長雨）○水窪○群馬で「しょぼしょぼ降る雨」のこと。

【ツイリ】（入梅・梅雨・梅雨時）○水窪、遠州○「梅雨入り」から。新居ではオツイリ、細江ではツユリとも。ツユリは三重、和歌山でも。

【ナガサ】（幾日も降り続く雨・長雨）○藤枝、志太郡○庵原郡でナガサアメと言う。四国、九州では「梅雨」をナガシと言うところが大半で、ナガサ、ナガセとも言う。ナガセは愛知、三重でも。

【ワイレ】（入梅）○沼津○桶のたが（輪）を入れる時節と関連か。

大雨・豪雨・暴風雨

【サジク】（豪雨・激しい雨）○水窪、新居○山梨でシャジク、サジク。サジクは「車軸」のことで、雨足が車軸のように太い雨、すなわち大雨を「車軸（しゃじく）の雨」というのが中世以来の用法にある。平安時代の『宇治拾遺物語』にも「しゃじくのごとくなる雨ふりて、天下たちまちにしてうるほひ」とあるから相当古くからの言い方。

【シケブリ】（強風を伴った雨・時化のような雨降り）○焼津、新居○「暴風雨」を水窪、新居でシケと言う。シケブリは近世語にもある。

【シャジキ】（大雨）○本川根○サジクと同じで「車軸」（大雨）の訛音。

【シャチコナガシ】（大雨が降るさま）○新居○中世、近世の用法に、「車軸を下す」「車軸を降らす」「車軸を流す」という言い方（いずれも大雨が降るさま）がある。『膝栗毛』の府中での場面にも「しゃじくを流し」の用法がある。

【シャチコブリ】（豪雨・大雨）○新居○シャチコも「車軸」（大雨）の訛音。シャチコアメとも言う。シャチコは愛知でも。長崎でシャチキー。

【タテコージン】（雨がひどく降るさま・大雨・豪雨）○清水○清水の両河内地区での珍しい言い方だが、山梨でタテコーズイ、長野でタテコーゼーと言うのと同じで、「立（たて）洪水」がもとの意と思われる。

【ドーザアメ】（大雨・豪雨・強いにわか雨）○遠州。

【フキブリ】（暴風雨）○富士○「吹き降り」のことか。

天気雨・日照り雨

【キツネノシューゲン】（天気雨・日照り雨）○伊豆、駿東郡、富士郡、庵原郡○「狐の祝言」で、静岡県では富士川以東での表現。千葉や神奈川でも。山梨ではキツネノゴシューギ。

【キツネノヨメイリ】（天気雨・日照り雨）○清水から遠州まで○「狐の嫁入り」で富士川以西での表現。富士川以東でキツネノシューゲン、以西でキツネノヨメイリという東西の対照的な分布（『図説静岡県方言辞典』）。いずれも狐が人をまどわすといわれるところから発した表現で近世文献にも。

足止めの雨

【ヤラズノアメ】（足止めの雨・出掛けの雨）○富士、遠州○他家訪問時などの、なかなか降りやまない雨のこと。「遣らずの雨」。

雨やみ・雨間（あまあい）

【アマシャー】（雨の合間）○下田○アマセーとも言う。アマセーは山梨でも。

【アマッサイ】（雨が止んでいる間・雨止み）○西伊豆、松崎、富士○富士川以東の一帯で言い、アマッセーとも。山梨でも言う。サイは「塞」（ふさぐ、さえぎる）で「雨塞」の意か。近世の『駿国雑志』には「あますさひ」とある。

雨漏り

【ザーザーモリ】（雨漏り）○遠州○「夕立、大雨」を遠州でザーザアメ。

【フリツケル】（雨の降り込むこと、雨が漏れること）○遠州○雨が雨戸や羽目板等、家屋の外側に強く降りつけ（降り当たる）たり漏れたりするさまのこと（『遠州方言集』）。

雨垂れ

【アマンダレ】（雨垂れ・雨の滴・軒先）○県○富士、焼津で「雨滴」、井川、川根で「軒先」など、広く用いられる。菊川ではアマヅユとも。

【ノキンダレ】（雨垂れ・軒先から垂れ落ちる雨露）○戸田、富士○ヌキンダレとも。いずれも静岡と山梨で。他の県ではノキダレ。

雨の兆し

【アサヒガエシ】（朝焼けの特別なさま）○大東、遠州○『遠州の方言考』に、「朝焼けの色がいつもの赤色より少し黄色味を帯びた感じで、こうなると一両日中に必ず雨が降る」と説明されている。

【ツキノノボリニヒノクダリ】（月や太陽にカサがかかる状態）○遠州○「月の上りに日の下り」で、上る月に暈（かさ）のある時、午後の太陽に暈のある時、翌日雨になるという（『遠州方言集』）。この暈を新居でオカサと言う。

雷・雷鳴・稲妻

【カミサマ】（雷）○西伊豆、富士、芝川、由比○雷を「神様」と呼んだもので、北陸その他の地でも。

【カンダチ】（雷・雷鳴）○伊豆、小山、芝川○伊豆に目立つ言い方。カンダチは「神立」で、神が立ち現れること、すなわち「神の示現の意」（『日本国語大辞典』）という。全国的には東日本（中部以東）方言の一つ。

【ヒカリモン】（稲光・稲妻）○南伊豆、賀茂、中伊豆、戸田、長泉○大東でオヒカリとも。オヒカリは関東でも。九州でヒカリモノと言う。「光り物」は古くは流星、彗星、稲妻などのように光りながら空中を移動するものを言った。

【ヨーダチサマ】（雷）○水窪、佐久間、龍山○ヨーダッツァマとも。ユーダチ、ユーダチサマも。ユーダチ、ヨーダチが「雷」を言うところは関東、中部と近畿に多い。

露

【オーザル】（夜遅くなってから草の葉にたまる露）○安倍郡、磐田郡○『静岡県方言集』より。

【コザル】（夕方、草の葉や稲の葉の先にたまる露）○賀茂、裾野、庵原郡、静岡、岡部、御前崎、浜岡、菊川、大東、豊岡○「コザルガオリル」「コザルガアガル」と言い、夕暮時の仕事仕舞いの目安とした。コザルは長野でも。語源はイロリの自在鉤についているコザルカギ（「小猿鉤」）に関連（柳田国男）か。第二章参照。

風花

【カザハナ】（寒風に乗ってちらちら降って来る小雪や小雨）○静岡、岡部、菊川、遠州○県下では中部、西部の大半で。関東では「みぞれ、あられ」を言うところも。近世俳諧でも使用。

【ボロ】（風花）○新居○風まじりの小雨、みぞれなどを愛知、三重でボロと言う。

小雪

【サムサ】（小雪）○本川根○シグレよりもやや大粒な小雪を言う。「寒さ」を象徴するほどの小雪の意か（『本川根方言考』）。

【シグレ】（小雪）○本川根○風花の後に降る小雪のことで、雨の場合には言わないという。静岡市の山間部でも言うところがある。

みぞれ

【シトロユキ】（雨または日光で半ば溶けた雪）○井川○シトル（岡部）は水気を含む意。シトロユキはみぞれ状になった雪のこと。

【ビショーラ】（みぞれ）○水窪○長野でビショロ、京都でビシャレ、島根でビショレと言うのは一連の語彙。「びしゃ、びしょ」は水気を含んでいる状態。

霜

【カンジ】（霜）○由比、志太郡○静岡、岡部では「寒さ」をカンジと言う。カンジは動詞「寒じる」の連用形からという（『日本方言大辞典』）。

【シモゲル】（霜害を受けること）○富士。

霜柱

【ウッタツ】（霜柱）○水窪、佐久間○愛知北部でも。周智郡では「つらら」（氷柱）のこと。

【ウッタラ】（霜柱）○『静岡県方言辞典』より。

【サッペー】（霜柱）○富士、富士宮、芝川、富士川○シャッペーとも。富士郡一帯での特有の語音（他所ではタッペ）。

【サランゴーリ】（霜柱）○小笠郡。

【センボンゴーリ】（霜柱）○中川根、榛原郡、春野○「千本氷」の意。

【タチゴーリ】（霜柱）○清水、島田、豊岡、細江、三ヶ日○栃木、愛知などでも。浜名郡、引佐郡で「つらら」を言うところも。

【タッペー】（霜柱）○裾野、静岡、井川、本川根、川根○関東でも広くタッペ、タッペーと言う。栃木で言うタチッペが分かりやすい。

つらら（氷柱）

【カンコーリ】（つらら）○中川根○新潟（佐渡）、長野、鳥取、広島でも。東北から西日本まで広く言う「金氷（かなこおり、かねこおり）」がもとか。

【ズルサンゴーリ】（つらら）○豊岡○遠州で「ぶらさがる」をズルサガルと言うから、「ぶらさがっている氷」の意か。

【センロッポ】（つらら）○西伊豆、賀茂、土肥、田方郡○松崎でセンロッポン。「千六本」のことか。静岡県のみ。

【チンボゴーリ】（つらら）○蒲原、清水、静岡、志太郡、榛原郡○チンボは小児の陰茎。小笠郡、浜名郡でチンボンゴーリ、駿東郡でチンチンゴーリとも。他県にもある。

【ツズラ】（つらら）○田方郡、三島、駿東郡、沼津、富士、静岡、大井川、水窪、雄踏○静岡でツズレとも。ツズラは東北から九州まで点々と分布。駿東郡では「樹氷」のこと、周智郡で「霜柱」のこと。

【ツルシゴーリ】（つらら）○小笠郡○磐田郡、豊岡で、ツルサ、ツルサゴーリ、ツルサンゴーリなどの言い方も。

【ヌキンダレ】（つらら）○駿東郡○長野でも。

【ビードロ】（つらら）○天城湯ヶ島、中伊豆、伊東、修善寺、函南、沼津○伊豆の一帯で言い、伊豆諸島の大島、三宅島でも。鹿児島でビドロとも。ビードロはガラスの古い呼び名。井上靖『しろばんば』には、天城山麓の村々で「つららのことを子供たちはビイドロと呼んでいた」とある。

二、時節・時間の語彙例

季節

【ジアイ】（季節・時候）○焼津、遠州○頃合い・時分を表わす「時合」のこと。焼津でジアイガラ（季節柄）、ジアイモン（季節のもの）の言い方も。遠州では「ジアイが悪い」（天候が悪い）の使い方も。本川根ではジアイを「体の調子、具合」の意でも。

旬・適期・頃合い

【ガン】（適期・頃合い）○井川○「お茶の摘みがん」「いちごの食いがん」などの言い方で。ガンは「グアイ（具合）」の転か。

【スン】（季節・旬・時期・時刻）○井川、本川根○シュンとも言う。「スンでもない時」は、「時期はずれの時、とんでもない時」の意という。

【シュントキ】（決まった時季・時刻）○富士○山梨、奈良でも。山梨では「昼時、飯の時間」の意でも使う。

【トキスン】（ちょうど良い時間・最盛期）○小笠郡、水窪○「収穫のトキスン」は「最盛期」（水窪）のこと。トキシンとも。本川根で言うトキアイは「時々、折節」のこと。

【トキシュンナシ】（時間、時期の考慮なしに・時間の見境なしに）○遠州○奈良（南大和）に同じ言い方が。第二章参照。

【トレアキ】（季節に関係なく米、麦、豆等の収穫期のこと・取り入れ時）○静岡、焼津、本川根○富山でも。

【マキシュン】（種まきに最も適した時節、時期）○御殿場、春野○マキスンとも。近世からの農業用語として伝わっている。

一日

【シットイ】（一日）○清水、静岡○『駿国雑志』に「しつとひ　一日の事をいふ」とある。ヒットイに同じ。

【ヒートイ】（一日・一日中）○静岡、藤枝、金谷、榛原、浜岡、大東、掛川○富士川以西天竜川までの地域が中心。ヒーテーもほぼ同じ地域で。「ひひとひ（日一日）」の転。

【ヒッテー】（一日・一日中）○田方郡、函南、伊東○山梨でも。

【ヒットイ】（一日・一日中）○蒲原、清水、森、豊岡○「ひひとひ（日一日）」の転だが、ヒットイという訛形は全国的には稀少。

終日（一日中）

【イチンチガヒョーザラ】（終日）○島田、小笠郡○遠州でイチンチガヒョーガナとも。

【イチンチヒガサラ】（終日）○田方郡、賀茂郡、富士○富士川以東（伊豆、東部）に多い言い方。浜岡でも言い、御前崎でイチンチヒガシャラ。

【イチンチヒョーラク】（終日）○岡部、藤枝、焼津、大井川、島田○イチンチガヒョーラクとも。第二章参照。

【ヒガサラ】（終日）○富士○御前崎でヒガシャラ。『俚言集覧』増補（明治期）に「ひかさら駿河にて終日」とある。山梨、愛媛でも。

【ヒガサライチンチ】（終日）○大東、湖西○山梨、愛媛でも。

【ヒガナイチンチ】（終日）○南伊豆、小笠郡、新居○「日がな一日」のこと。富士でヒガナーとも。

【ヒガラヒートイ】（終日）○本川根○ヒガラは「日がな（一日）」の転。

【ヒョーザラ】（終日）○島田。
【ヒョーラク】（終日）田方郡、静岡、島田。

一年中

【イチネンサンカイ】（一年中）○焼津○島根でイチネンサラクと言うのと同類か。

この頃・この節

【キョービ】（今日この頃・当今）○県○近世にも用いられ、今は共通語として。

【キョーラ】（今日この頃・この節・当今）○主に富士川以西で用いられ、特に静清、志太、榛原地域でさかんに使用。静岡県のみ。ただし「今日あたり、今日」の意味では万葉集以来の古語用法があり、近世文学などにも使用されている。和歌山、香川でも同じ意味で。静岡のキョーラも同系統の語と思われる。第二章参照。

明明後日（明後日の次の日）

【シガサッテ】　富士川以西遠州までと奥伊豆で○シアサッテとも。西日本に多い言い方。シアサッテは今日を一日目として未来へ四日目のこと。

【ヤノアサッテ】　駿東郡、三島、沼津、伊豆○ヤナアサッテとも。富士郡、庵原郡ではヤニアサッテ。東日本に多い言い方。

明明明後日（明後日の次の次の日）

【シアサッテ】　富士川以東の地域で○関東、山梨、長野などに多い言い方。
【ゴガサッテ】　富士川以西の大半の地域で○西日本でゴアサッテ、ゴガサッテと言う。ゴガサッテは静岡、長野南部、愛知で。ゴアサッテは今日を一日目として未来へ五日目のことで、静岡はゴアサッテ系の東限地帯となっている。
【ヤノアサッテ】　富士川以東ではこの日をもヤノアサッテと呼ぶところがあり、前日との呼称の区別があいまいになっている。

朝・早朝

【アカトキ】　(未明・夜明け近くのまだ暗いころ)○福田○「あかつき(暁)」の古形で万葉集など奈良時代の文献に。高知でも。福田では漁で網をかける時間帯として用いる。
【アケノアサ】　(翌朝)○本川根。
【アサッパチ】　(早朝・朝っぱら)○新居○長野、三重や西日本、特に九州の全域で。

【アサデ】（早朝・朝）○三島○千葉、山梨、長野でも。

【アサモト】（早朝、明け方）○静岡、本川根、大東、水窪○新潟佐渡でも。モトは「ころ、時分」の意の接尾語。

【シラシラアケ】（夜が次第に明るくなるころ・明け方）○富士、岡部○千葉、伊豆諸島八丈島、神奈川、長野でも。シラシラは「しらじら（白白）」の古形。夜がしらじらと明けること。

【トック】（夜明け前の暗いうち）○水窪○トクとも。「とく（疾く）」（時間的経過が早いさま）からか。

【ホノボノアケ】（夜の白みがかったころ・明け方）○水窪○山梨、熊本でも。中世『日葡辞書』にもある言い方。

【ヨアサ】（夜明け・明け方）○田方郡、伊東、大須賀。

夕方・晩方

【バンゲ】（夕方・晩方・今夜）○伊豆、北駿、富士、清水、静岡、福田、遠州○中世『太平記』などにある「ばんげい（晩景）」がもと。伊豆ではバンゲーで「今夜」の使い方が多い。本川根でバンゲサマ、富士郡でバンサマなどの言い方も。

【バンゲシマ】（日暮れ時・夕方）○富士、清水、静岡、本川根、遠州○愛知、岐阜、福井でも。

伊東でバンゲシナ。シマ、シナは体言に付いて「など、あたり、ころ」を表わす接尾語。

【バンゲン】（夕方・晩方）○静岡、藤枝、焼津、金谷、榛原、御前崎、掛川、新居○バンゲンサン（焼津）、バンゲンサマとも。主に中部に多い言い方。

【バンゲンシマ】（日暮れ時・夕方）○焼津、藤枝、金谷、榛原、掛川○福島でも。

【バンシガタ】（晩方）○韮山○埼玉でも。

【バンシマ】（日暮れ時・夕方）○田方郡、庵原郡、金谷、大東、遠州○福島、山梨でも。

【ハンバン】（半晩・夕方に近い時刻）○遠州○『遠州方言集』より。

【バンモト】（夕方・晩）○小笠、掛川、周智郡、水窪○三重、京都でも。中世語にもある。

【ヒグレシマ】（日暮れ時・夕方）○富士、静岡、岡部、金谷、水窪、遠州○千葉、愛知、岐阜でも。岡部でヒガクレシマ、ヒノクレシマとも言う。

【メソメソドキ】（夕方・たそがれ時・薄暗くなり始めのころ）○富士、庵原郡、静岡、井川、本川根、新居、遠州○メソメソジブンとも。庵原郡でメソメソグレとも。メソメソスル（夕方になる）という動詞用法も。メソメソの用法は長野にも多く、愛知の北部（北設楽）でも。全国的にはこの地域にしかみられない珍しい用法。近世語「めそめそ」の用法に、「勢いが衰えたり、小さくなったりするさま」の意があり、火の衰えなどにも使っている。ここでは太陽の勢いが弱まる夕方に用いたものか。第二章参照。

【ユンベシマ】（夕暮れ時）○大東、遠州○ユンベシマは「昨夜、昨晩」の意で用いるところが大半で、ユンベは「昨晩」のこと。静岡、本川根でヨンベシマ。

【ヨーモト】（夕方）○水窪○日没直後のまだ明るいころを言う。

夜・夜中・夜通し・一晩中

【ヨーサ】（夜・晩）○浜岡、大東、水窪、遠州○中遠地域でヨサ、水窪でヨーサ。ただし、ヒトヨサ（一夜）などの使い方で。

【ヨーサリ】（夜・晩）○伊豆、北駿○ヨサリ、ヨーサレとも。下田では「夜通し」の意でも。サリは「来ること、近づくこと」の古語用法。

【ヨーマ】（夜・夜間）○袋井、小笠郡、磐田郡、水窪○「よま（夜間）」のこと。東北から中部地方までの分布。ヨマは中世語にもある。夜食をヨージャとも言う（清水、島田）。

【ヨガサラ】（一晩中・夜通し）○河津、韮山、富士、小笠○愛媛でも。

【ヨガラヨッピトイ】（一晩中・夜通し）○井川、本川根、中川根○長野でも。群馬、神奈川、東京八王子でヨガラヨッピテー。

【ヨッピトイ】（一晩中・夜通し）○県○伊豆、東部、中部でヨッピテー、大井川以西でヨッピトイ。「夜一夜（よひとよ）」の変化した語で、類語形を含め全国に広い。ヨッピトイは中世文献にもある。

海岸部の朝・夕（薄明時）

【マズメ】（朝夕の日の出日の入り前後の時間帯）○伊豆、沼津、焼津、御前崎、大須賀○海岸部の漁業地帯では、魚がいちばん餌を欲しがる朝夕の時間帯をマズメ、マズミと言う。全国的には太平洋沿岸地帯に広く分布する語。西日本でマジミ、マジメとも。語源不詳。

【アサマズメ】（夜がしらじらと明けてくる時間）○沼津（内浦）伊東（富戸）では「東の空が白む頃」。焼津でも「魚の食いの良い、日の出前後の時間帯」がアサマズミ。西伊豆ではアサマジメとも。

【ユーマズメ】（夕方の日没前後の時間帯）○大須賀では「日没少し前の日が入るか入らないかのころ」、御前崎では「日没前後のまだ西が赤くボーッとしているころ」を言う。ヨイマズメ（田方郡）、ヨイマズミ（焼津）とも。やはり魚の餌の食いの良い時間帯である。

付録

前頭	**＜伊豆・東部＞**　○あまっさい（雨やみ・雨の晴れ間）　○いぐすり(いびき)　○ぎんがり（きっちり・きっかり・判然としている）　○けける（載せる）　○ごいせー（面倒・大儀・手間がかかる）　○みごとい（美しい・きれい） **＜東部・中部＞**　○がらい・がらいか（つい・うっかり・すっかり）　○ごせっぽい（せいせいする・さっぱりする・清潔だ）　○しらっくら(態度のはっきりしないこと)　○のす（木などに登る）　○ばっちらがる・ばっちらがう（奪い合う・争い合う）　○やぶせったい（うっとうしい・うるさい・煩わしい） **＜中部＞**　○おだっくい（お調子者・のぼせ者・おっちょこちょい）　○らっかい（大変・たくさん・法外） **＜中部・西部＞**　○がとー（大変・たくさん）　○くすぐ・くすがる(刺す・刺さる・突き通す)　○けっこい（美しい・きれい・みごと）　○じゅるい・じるい（やわらかい・道がぬかるんでいる状態）　○しょずむ（摘まむ・捕える・握る）　○なりき（ぞんざいだ・雑だ・いいかげん）　○のんばめる（のどにつかえる・持て余す・成しかねる）　○ぶそる・ぶそくる（不平を言う・怒ってふくれる・不機嫌になる）　○ゆるせー（気が休まる・のんびりする） **＜西部＞**　○きっちゃか（早く・さっさと・素早い）　○さーたれる(騒ぐ・落ち着かない・うろつく)

注・東方、西方共に横綱から小結までは県内に広く分布する語。前頭は分布が地域に偏在する語としてある。格付けは、分布度、認識度、使用度などを考慮してのことである。

◇「しずおか方言」番付・百語
＜東方（語形・分布の全国稀少型）＞

横綱	○みるい・みりっこい（まだ熟していない・若い・やわらかい） ○やっきりする・やっきりこく（腹が立つ・しゃくにさわる・じれったい）
大関	○おーぼったい（うっとうしい・はれぼったい・かさばる） ○ちんぶりかく・ちんぷりかく（すねる・ふくれる）　○ぶしょったい・こぶしょったい（不潔だ・だらしない・汚らしい） ○まめったい（よく働く・勤勉・達者だ）
関脇	○しょろしょろする（ぐずぐずする・もたもたする・のろのろする）　○ぞんぐりする・ぞんぐらする（ぞっとする・ひやっとする）　○ちょびちょびする（ちょこちょこと差し出口する・利口ぶる）　○ひなる(叫ぶ・悲鳴を上げる・うなる) ○ぼったつ（ぼうっとして立つ・突っ立つ）
小結	○あつらさる（頼まれる・ことづかる）　○おだい（お金持ち・財産家）　○おたく（吐く・もどす）　○おひんぶる(気取る・上品ぶる)　○きーない・きない（黄色い）　○くむ（地面・物などが崩れる）　○さっさくさー（そそっかしい・軽率）　○しょんなり（身なり・身だしなみ・格好） ○つっからかす（突き倒す・押し倒す）　○はだって（わざわざ・わざと・ことさら）　○ひずるしー・ひどろしー（まぶしい・まばゆい）　○ひまっさい（ひまつぶし・手間取ること・取り込み事）　○まるさら（丸ごと・残らず・そっくり） ○みがましー・みだましー（よく働く・かいがいしい・きちんとしている）

前頭	**＜伊豆・東部＞**　○いせき（跡とり・相続人）　○ずつなし（意気地なし・怠け者・ものぐさ）　○にーしー（新しい）　○ねき（際・そば・傍ら）　○ひっちょびく（強く引っ張る）　○まみ・まみや（眉） **＜東部・中部＞**　○きっさり（きっぱり・思い切りよく）　○ずない（強い・利口・強情）　○みづらい（見苦しい・みっともない）　○みんじり（しみじみ・十分） **＜中部・西部＞**　○あいまち（失敗・怪我・負傷）　○おやす（いためる・汚す・こわれる）　○かこくさい（きなくさい・こげくさい）　○こずむ・こどむ（沈んでたまる・沈殿する）　○こそくる（繕う・修繕する）　○せせくる（いじる・もてあそぶ・からかう）　○せんしょー（お節介・差し出口・物好き）　○ちみくる・つみきる（つねる）　○はさぐ・はさげる（挟む・差し入れる）　○はぶ・はぶせ（仲間はずれ）　○ひーとい・ひーてー（一日・一日中）　○よさりかかる（寄りかかる）　○らんごく（乱雑・大騒ぎ・めちゃくちゃ） **＜西部＞**　○おしわる（教わる）　○けなるい・けなりー（うらやましい）

◇「しずおか方言」番付・百語

<西方（共通語形の訛語・意味変異語）>

横綱	○えらい（大変・大儀・疲れる） ○とぶ（走る・駆ける）
大関	○えーかん・いーかん（かなり・たくさん・いいかげん） ○うっちゃる（捨てる）　○おぞい（粗悪・粗末・おそろしい）　○しょんない（仕様がない・仕方ない）
関脇	○いかい（大きい・たいそう）　○おとましー（うとましい・かわいそう・おそろしい）　○かいだるい・かんだるい（疲れる・だるい）　○かじる・かじくる（爪などで引っ掻く） ○ぬくとい（温い・暖かい）
小結	○いきる・いきれる（蒸し暑い・息苦しい）　○いごく・いのく（動く）　○うらっぽ（木枝の先端）　○おもる（おごる・振舞う）　○かーばる（乾いてくっつく・こびりつく） ○かせる（貸す）　○かたる・かてる（仲間になる・仲間に入れる）　○がんこ・がんこー(非常に・多大・大きなさま) ○くろ（物の端・隅・傍ら）　○さばく・さばける（破る・裂ける）　○ちゃっと（すぐ・早く）　○はしゃぐ（乾く） ○ぶっさらう（打つ・なぐる）　○へさえる（押さえる・押しつける）

索 引

ア

アーユータニ……59
アーリ……164
アイガナスキガナ……59
アイク……24
アイサコイサ……152
アイソシー……24
アイソシナイ……122
アイハッタモンジャーナイ……60
アイマコイマ……152
アオションビレル……60
アオリアオリ……135
アカス……35
アカッピ……164
アカトキ……184
アクザモグザ……152
アクト……35
アクドイ……119
アクドッポイ……119
アグネポイ……119
アグラアグラ……135
アゲアメ……167
アケドーカイ……60
アケノアサ……184
アケハンドー……60
アサッパチ……184
アサデ……185
アサヒガエシ……175
アサマズメ……188
アサモト……185
アジャラ……122
アシャラモナイ……125
アシラーナイ……60
アズクミ……24
アズル……48
アセボッタイ……111
アタースル……61
アダジャーナイ……61
アッカンマッカン……153
アッケモナイ……126
アッパカサー……60
アッパサッパ……153
アツベコツベ……153
アツラサル……11
アツラッポイ……119
アツラボッタイ……111
アテ……24
アテコトモナイ……35、61
アバアバ……135
アベランコベラン……153
アマ……48
アマアマ……135
アマアマスル……166
アマクソ……167
アマケ……166
アマケズク……166
アマケル……166
アマサレル……35
アマシャー……174
アマズラッコイ……114
アマッサイ……24、174
アマタラシー……114
アマンダレ……174
アメコンコ……167
アメズイリ……171
アメフリショーガツ……168
アメフリヤスミ……168
アラク……35
アラクタイ……106
アラスカ……61
アラボッタイ……111
アリャーコリャー……153
アワイコワイ……153
アンジャナイ……62
アンダラグチヲタタク……62
アンニー……35
アンニャモンニャ……62
アンニョーミョー……62
アンバラヤム……62
アンビージャ……63
アンマシナイ・アンマシモナイ……11、12

イ

イイアタリ……165
イガイガ……135
イキイキ……135
イキズマシー……12
イキリッポイ……119
イキレボッタイ……111
イキレル……35
イクカーリ……63
イグスリ……25
イグラモチ……48
イザル……25
イジイジ……135
イジガヤケル……63
イジャー……35、63
イシャシカブリ……94
イジャテユカズ……63
イセキ……35
イチネンサンカイ……183
イチラ……25
イチンチガヒョーザラ……182
イチンチガヒョーラク……63、182
イチンチヒガサラ……182
イチンチヒョーラク……63、182
イッカモナイ……25、64
イッキライッキラ……135
イッサラ……25
イッショーマッショー……153
イッスイキ……35

イッソノカー……64
イッソノクサリ……64
イッツカ……36、64
イト……25、84
イノク……48
イブセッタイ……106
イマタンデー……64
イマタンデヤマ……64
イマット……36
イママイ……64
イミゾ……25
イヤジガル……99
イヤダクナル……65
イヤタシイヤタシ……135
イヤッタイ……65、106
イヤンバイ……65
イヤンバイデス……65
イラッテコイ……65
イランコン……65
イランセンショー……65
イル……22
インガ……25
イングリイングリ……136
インダラ……36
インブリカク……25

ウ

ウイタカチョーチン……66
ウイタカヒョータン……66
ウザッコイ……114
ウザマガツキル……66
ウザマシー……12
ウシ……36
ウジャラッコイ……115
ウシンベー……36
ウスラボッタイ……112
ウソウソ……136
ウダ……25
ウタリ……25
ウッカラカン……66
ウッショー……12
ウッタツ……178
ウッタラ……178
ウッチャスレル……66
ウッチャル……36
ウッツカッツ……153
ウナウ……36
ウヤウヤッコイ……115
ウラッポ……36
ウラミッコイ……115
ウラメシー……115
ウレー……169
ウンダラガキ……36
ウンバウンバ……136
ウンプテンプ……154

エ

エーカラカゲン……66
エーカラカン……66
エーカラハチベー……67
エーカラモン……67
エーカン……25
エーヤット……67
エギ……48
エゴイ……36
エゴッポイ……119
エテンボー……25
エム……36
エライ……48
エレエレ……67
エンザリモンザリ……154
エンジャモンジャ……154

オ

オイー……69
オイシオイシ……136
オエン……67
オーキニ……47
オーゴ……48
オーザル……75、176
オーッコイ……115
オーナト……67
オーボッタイ……12
オーマクライ……36
オーヤ……36
オカシナイ……122
オキオキ……136
オクラブチ……25
オゴク……48
オシオシ……136
オシマイデスカ……65
オシメリ……168
オシメリショーガツ……168
オシメリゼック……168
オシラサマ……36
オシワル……12
オスンバー……13、25
オゾイ……106
オソオタイ……106
オゾボッタイ……112
オダーコク……68
オダイ……25、68
オダイサン……68
オダイジモナイ……68
オダイジン……68
オダイヤ……68
オダヲアゲル……68
オタク……26
オダックイ……13
オッカナイ……36
オッコータイ……106
オッコチル……37
オッツカッツ……154
オッペショル……37
オテリ……165
オテンターラ……37、68
オデンタラ……68
オトガトーイ……68
オトゴ……48
オトマシー……48

オドロ……26
オトンボ……48
オナメ……49
オノンキ……165
オバネ……49
オバンシ……37
オヒカリ……176
オヒメサマ……26
オヒャラカス……37
オヒンブル……13
オベーッタイ……106
オベッタイ……13
オボッコイ……115
オモッセ……37
オモッセコモッセ……154
オヤス……37
オロカジャーナイ……69
オロヌク……37
オンジョ……37
オンゼーガナイ……69
オンゾクタイ……106
オンナイ……69
オンボロサンボロ……154

カ

カーカーシー……26
ガータレル……13
カーチ……26、84
カーバル……26
カエロッパ……37
ガガガガ……136
カガミッチョ……37
カギナル……13
カゲッポイ……119
カゲル……119
カゲンボチ……37
カコクサイ……49
カサッパチマイマイ……14
カザハナ……176
カサリホザリ……154
カサンドー……14
カジクル……26
ガシガシ……136
ガシン……37
カスッデモナイ……126
カスラッポイ……119
カタグ……49
カタクマ……49
カタナメシ……26、69
カッパシャグ……70
カテル……37
ガトー……38、69
ガトーモナイ……26、69
カニショー……70
カネゴエ……49
カミサマ……175
カヤッサー……70
カヤカヤ……137
ガライ・ガラリ……38
カラスガーリ……75
カラスノヨダレ……49
カラスマーリ……75
カリカリ……137
ガン……180
ガンギロカンギロ……137
ガンコ・ガンコー……26、70
ガンコーモナイ……126
カンコーリ……179
カンジ……177
カンジクナル……13
ガンジャナシ……71
ガンゼナク……71
カンダチ……38、169、175
カンダチグモ……169
ガンダメシ……38
カンダルイ……26
カンドラレル……71
カンナゴ……26
カンニ……70
ガンマメ……38

キ

キーナイ・キナイ……49、122
ギア方言……22
キガワルイ……74
キケル……38
ギコツ……122
ギコッチナイ……122
ギシギシ……137
キシャゴ……38
キゼワシナイ……122
キッサイ……14
キッサイガワルイ……71
キッサイナ……14、71
キッサイモナイ……14、126
キッサリ……49
キッチャカ……14
ギッチョ……38
キツネノシューゲン……173
キツネノヨメイリ……173
キナキナ……137
キビガイー……71
キビガワルイ……71
キビキビ……137
キブセッタイ……107
キミャーゲッタイ……107
キモキモ……137
キモヤケタイ……72、107
ギモロナイ……122
キモヲイラセル……71
キモヲヤク……71
キャーッチャ……70
ギャーラギャーラ……137
キヤキヤ……137
キュークッタイ……107
ギョーサン……49
ギョーサンタラシー……126
ギョーサンモナイ……126
キョービ……183
キョーラ……49、72、183

キョトーモナイ ……126
キョンキョン ……138
キラガイー……72
キリノションベン ……170
キレーニ……72
ギンガキク……72

ク

グースコグースコ ……138
グザグザ ……138
クジク……26
グシャ……38
グジュグッタイ ……107
グジュグル……14
クスグ……26
クスブッタイ ……107
クスブル ……107
クスベ……26
クソヘビ……38
クタンクタン ……138
クチョーグチョー……72
クドッポイ ……120
クボッタイ ……107
クマス……26
クム……38
クメンガイー……73
クルー……49
グルタングルタン ……138
クロコブシ……38

ケ

ケアメ ……170
ケーガ……73
ゲーガナイ……73
ゲーモナイ ……38、73
ケケル……38
ゲショゲショ ……138
ゲス……38
ゲソゲソ ……138
ケチャケチャ ……138
ケチョケチョ ……139
ケツケツ ……139
ケッコイ……49
ケッコー……27
ケッコーニ……73
ケップライモナイ……73
ゲトゲト ……139
ゲトンゲトン ……139
ケロケロ ……139
ケン……73
ゲンガミエタ……72
ケンケアメ ……170
ケンケン ……139
ケンドモシ……73
ケンプラモナイ……73

コ

ゴ……27
ゴアサッテ……50
ゴイセー……74
ゴイセーキル……74
ゴーガネール……74
ゴーガワク ……50、74
ゴーギー ……107
ゴーギッタイ ……107
コーザイ……75
ゴータレル……14
コーデ……39
コート……74
コーバイガハヤイ……74
コーベッタイ ……27、107
ゴーヲヤク……74
ゴガサッテ ……184
コキガワルイ ……27、75
コキタンワルイ……75
コクサラッポイ ……120
コグサラボッタイ ……112、120
コグラガカカル……75
コグラボッタイ ……112
コケ・コケラ……39
コケル……50
コゴトコーザイ……75
コサ……46
コサムッタイ ……107
コザル……75
コザルガアガル ……75、176
コザルガオリル ……75、176
ゴショーゴショー……76
ゴショーラク……76
ゴショーヨシ……76
コスイ……15
コズム……27
コセッポイ ……120
ゴセッポイ……15
コソクル……39
ゴソッポイ ……120
コソボッタイ ……112
コソロボッタイ ……112
コタエサラン……76
コチョーナイ ……123
コツイ ……15、123
コックリ……73
コツコツ ……139
ゴッチョー……39
コッツケナイ ……123
コッパル……27
コデコナイ ……123
ゴテンゴテン ……139
ゴトゴト ……139
コビツク……39
コブショッタイ……15
コマッコイ ……115
コモッセ ……154
コラッカイモナイ ……127
ゴランマク……15
ゴロージ……76
コロコロ ……140
ゴロッチョ……27
コンキー ……27、123
コンキナイ ……123

コンコサマ……167
コンジョクナル……17
ゴンジラレナイ……76
コンナタニ……59
ゴンベータロベー……140
ゴンベーゴンベー……140
ゴンー……27
ゴンボ・コンボー……27、77
ゴンボーコクナ……77

サ

サーケ……120、170
サーケッポイ……120
サーケル……120
ザーザアメ……169
ザーザーモリ……174
サータレル……15、77
サータレマワル……77
サータレモン……15、77
サートモスリャー……77
サーラツク……16
サーラバ……77
サガ……39
サク……39
ササイモナイ……127
サジク……172
サソク……77
サソクガキカナイ……77
ザッカケナイ……123
サッサクサー……39
サッチラカス……16
サッチラギャーテ……16
サッチラサクデ……16
サッチラサッポー……16
サッペー……178
サッポール……16
サナイサナイ……78
サバク……39
サブラッコイ……115
サムサ……177
サムシボッタイ……112
サラ……27
サライ……50
ザラッポイ……120
ザラボッタイ……112
サランゴーリ……178
サワサワ……140
ザンザ……169
ザンザビヨリ……169
ザンザン……169
ザンナラシー……16
サンバクレナイ……123
サンムシー……112

シ

ジアイ……180
ジアイモン……180
シアサッテ……183、184
シーコラシーコラ……140
シエール……78
シガサッテ……183
シカシカ……140
ジカジカ……140
シグレ……177
シケ……171
シケアイク……165
シケブリ……172
シケル……167
シタベラ……50
ジチナイ……39
シチモクタイ……108
シッケボッタイ……112
シッコシガナイ……78
シッコシモカナワン……78
シッコラオモイ……78
シッコラガタイ……79
シットイ……181
シッパネ……39
シトル……177
シトロユキ……177
シナクレル……39
シナッコイ……115
シナベル……16
シネシネ……140
シノハチ……39
シブシブアメ……171
ジブリ……167
シミ……115
シミッコイ……115
シミッポイ……16
シメッコイ……116
シメリボッタイ……113
シモゲル……178
ジャケラ……120
ジャケラッポイ……120
シャゴシャゴ……140
シャジキ……172
シャチコナガシ……172
シャチコブリ……172
シャッツラ……39
シャッツラニクイ……40、79
シャッペー……178
シャバラ……169
シャビシャビ……141
ジャマッタイ……108
シャモシャモ……141
シャラッカマワナイ……40、79
シャラッキタナイ……27、79
シャランプラン……155
シャリシャリ……141
シャレカラカス……79
シャレクリカール……79
ジュルボッタイ……113
シュントキ……89、181
ジュンルクタイ……108
ショイコ……40
ショーガツク……79
ジョーグチ……40
ショーシー……123
ショーシナイ……123

ショーナシ……79
ジョーンダ……80
ショグナル……17、19、80
ジョケル……40
ショジメリボッタイ……113
ショズクナル……27
ショズム……27
ショタショタ……141
ショッパイ……17、40
ショビク……40
ジョビジョビ……141
ショミャバカ……21、80
ショミャバカデナイ……80
ショロショロスル……80
ショロタンショロタン……80
ショロリンショロリン……80
ションジョクナル……80
ションジョラシー……80
ションバイ……17
ションバラクサイ……81
シラカー……17
シラシラアケ……185
シラックラ……17
ジルイ・ジュルイ……50
ジルクタイ……108
シレシレ……141
シロバシッコイ……116
シントー……40
シンナリクンナリ……155

ス

スイ……50
スカスカ……141
ズクガナイ……81
ズクナシ……40
ズクンワルイ……81
スコイ……116
スコスコ……141
ズズモズ……155
ズ・ズラ・ラ……23
ズダイ……40
ズダイコダイ……155
スダラモナイ……100、127
スッチョーナイ……50、81
スッペコッペ……155
スッポー……40
スッポーグイ……81
スッポーメシ……82
ステキモナイ……40、127
ズデクナイ……123
ズデクモナイ……127
スド……17
ズナイ……40
スナハチ……40
ズナル……18
ズネル……17
スバル……27
ズブクタイ……108
ズブトッコイ……116
スベラッコイ……116
スモクタニナル……82
スモクレル……82
スラ……84
ズルサガル……179
ズルサンゴーリ……179
ズルズル……142
ズルタンズルタン……142
スン……180
スンズク……27
スンデモナイトキ……89、180
スンミ……18
スンミシ……18

セ

セーサイ……50
セータリゴーナ……82
ゼカゼカ……142
セギ……40
セズコトガナイ……82
セズヨー……18
セズヨーガナイ……82
セセリホセリ……155
セタコー……18
セックリ……18
センショー……50、66、83
センショーキル……83
センショースル……82
センショッタイ……108
センボ・センボー……41
センボンゴーリ……178
センマッタイ……108
センロッポ……179
センロッポン……179

ソ

ソーカシン……83
ソーダカシン……83
ソーダッチョー……83
ソコラハッチョー……83
ゾックリスル……84
ゾナゾナ……142
ソノイチラ……83
ソノイトニ……53、84
ソノカーチ……84
ソメ……28
ソラ……41、84
ソラツカウ……58、84
ソラッツカイ……18
ソロス……28
ソロッポイ……121
ゾングラコク……84
ゾングリ……19
ゾングリスル……84
ゾンザエル……41
ソンナリ……21

タ

ターターシー……19
ダイジクスル……85
ダイジモナイ……68

タイヘンモナイ ……127
タカタカ ……142
ダダクサモナイ ……127
タチゴーリ ……178
ダッチョーバナシ……83
タッツヒッツ ……155
タッペー ……41、178
タテコージン ……172
タブタブ ……142
ダメヲコクナ……84
ダメノカー……85
ダモンダデ……85
ダモンデ……85
タヨタヨ ……142
タランクラン ……155
タル……28
タワランバシ……41
ダン……50

チ

チー……41
チーチー ……142
チーチクターチク ……156
チーッツラ……86
チーットバカ……85
チカンチカン ……142
チチボチ ……156
チチンボ……41
チックイ……41
チックタイ ……108
チックナイ ……123
チッチクナイ ……124
チッチラチッチラ ……143
チットッツラ……86
チットラッツ……86
チッポケナイ ……124
チミキル……50
チャチモナイ ……127
チャビチャビ ……143
チャンチャン ……143
チューチュー ……143
チョビチョビ……28
チョビチョビスル……86
チョビツク……86
チョロッコイ ……116
チョンチョン ……143
チンガリマンガリ ……156
チンナイボンナイ ……156
チンナリボンナリ ……156
チンビー……28
チンビキサイ……28
チンビキナイ ……124
チンブリカク……28、86
チンボゴーリ ……179

ツ

ツイボッタイ ……113
ツイリ ……171
ツーツー ……143
ツキノノボリニヒノクダリ ……175
ツカエボッタイ ……113
ツクラフント……86
ツクランボト……86
ツズラ ……179
ツッカラカス……28
ツツラゴ……28
ツボ……28
ツボッコイ ……116
ツボラッコイ ……116
ツム……28
ツルシゴーリ ……179
ツンツラツンツラ ……143

テ

テキンテキン ……144
テゴッサイニイカン……87
テゴッサイニオエン……87
テゴッチョニイカヌ……87
デコナイ ……19、124
テゴンザイ……87
テッキリパッキリ ……156
デッコナイ……19
デッコミハッコミ ……156
テッチャマッチャ ……156
テッピラコーニ……87
テバサナイ ……124
テバテバ ……144
デホ・デホー……41
デホーコク……87
テヨキ……51
テレンクレン ……156
テンガケ ……19、41
テンコ……51
テンコマンコ ……157
テンズラ……19
テンテン ……144
テンドリバイドリ……87
テンポモナイ ……128

ト

ドエル……28
ドーザアメ ……173
ドーサドーサ……88
ドーシニ……41
ドーシニユク……88
ドーデ……88
ドーデコーデ……88
ドーナリコーナリ ……157
トーネ……41
トーモ・トーモン……28
トカサ……41
トカシナイ ……124
ドカドカ ……144
ドカントスル……88
トキアイ ……181
トキシュンナシ ……89、181
トキスン ……89、181
トコロトッパチ……89
トコロバンコロ……89
ドサドサ ……144

トジクル……41
トシトシ……144
トシノミ……28
ドダイコダイ……157
トチトチ……144
トチメンボースル……89
トチモチスル……89
トチュームチュー……89
トツガモナイ……128
トック……185
トツタカミタカ……89
トッツキヒッツキ……157
ドデコナイ……19、124
ドドマド……157
トバジム……19
トバム……19
トビックラ……41
トビックラスル……90
トビッコ……90
トビッチョ……28
トブ……90
ドベ……51
トボグチ……41
トレアキ……181
トロケル……166
トロッコイ……116
トンガリヒンガリ……157
ドンキュー……51
トンキョーモナイ……128
トンジャカナイ……90
ドンズキ……42

ナ

ナイマセン……90
ナイモセンニ……90
ナエマ……42
ナガサ……171
ナガランナガラン……144
ナギ……28
ナゴ……42、171
ナゴノションベン……170
ナッカニスル……91
ナッチョラ……91
ナッチョレカッチョレ……157
ナブサ……42
ナマデナイ……91
ナマニ……91
ナムナイ・ナモナイ……29
ナル……51
ナレッコイ……116
ナンカ・ナンカチ……42
ナンジャーナイ……91
ナンショカンショ……91
ナンタラ……92
ナンダラス……92
ナンタラモ……92
ナンデカンデ……92、158
ナンナン……144
ナンニモカンニモ……158
ナンニャーカマワズ……92
ナンメンクダリ……92
ナンメンダラリン……92

ニ

ニーシー……42
ニエタラクワズ……93
ニオウ……51
ニカラニカラ……145
ニギヤカイ……29
ニスイ……51
ニタカヨッタカ……158
ニチャグル……29
ニッコリホンゴリ……158
ニナイボー……51
ニブッタイ……108
ニャーラニャーラ……145
ニョコニョコ……145
ニロニロ……145
ニンニン……145

ヌ

ヌキンダレ……174、179
ヌクタッコイ……117
ヌクトイ……117
ヌラッコイ……117
ヌルマシコイ……117
ヌレボッタイ……113

ネ

ネータラカーズ……93
ネガル……29
ネキ……29、51
ネグサラボッタイ……113
ネグサル……29
ネグタ……20
ネコンザイ……69
ネツイ……117
ネッキリハッキリ……158
ネッチラホッチラ……158
ネッチリハッチリ……158
ネツッコイ……117
ネッパイオキ……98
ネブタ……20

ノ

ノエノエ……145
ノーノー……145
ノーヤスミ……42
ノギッポイ……121
ノキンダレ……174
ノセ……42
ノス……51
ノッキッテ……42、93
ノッキトナッテ……93
ノツノツ……145
ノデ……42
ノロッコイ……117
ノンバメル……29

索 引

ハ

ハースハース……146
バカーラバカーラ……146
パカパカ……146
パカラパカラ……146
ハギハギ……146
ハギリッタイ……109
ハグシャレル……20
ハクハク……146
ハゴチャレル……20
ハシカイ……121
ハシッコイ……117
ハシハシ……146
ハシャグ……70
ハシン……42
ハス・ハソ……29、93
ハスハス……146
ハスンタッシャ……93
ハダッテ……29
バタバタ……146
バチナル……51
バッチラガイ……93
バッチラガウ……29、93
ハツハツ……146
ハッパハッパ……146
ハナル……42
ハバシー……117
ハバシッコイ……117
ハブ……51、93
ハブシニスル……93
ハブニスル……93
バラサ……169
ハラッカハラッカ……147
ハルカブリ……100
バンゲ……185
バンゲシマ……29、185
バンゲン……186
バンゲンシマ……186
ハンザリセン……96
バンシガタ……186
バンシマ……186
ハンスンハンスン……147
バンタビ……42、94
ハンデ……42
バンテニ……94
バンテンガーリ……94
バンテンコーニ……94
ハンバン……186
バンモト……186

ヒ

ヒー……51
ヒーコラヒーコラ……147
ヒートイ……51、181
ビードロ……180
ヒガサラ……182
ヒガサライチンチ……182
ヒガタ……29
ヒガナイチンチ……182
ヒガライ……121
ヒガラッポイ……121
ヒガラヒートイ……182
ヒカリモン……176
ヒキタ……29
ヒグヒグ……147
ビクレシマ……186
ヒケヒケ……147
ヒコラヒコラ……147
ヒサシカブリ……52、94
ビシャクシャ……158、167
ビショーラ……177
ヒジルイ……109
ヒジレッタイ……109
ヒジロ……42
ヒズーコク……94
ヒズキッタ……94
ヒズルシー……109
ビッチョコニナル……94
ヒッチラスカ……95
ヒッチラン……95
ヒッツリハッツリ……158
ヒッテー……182
ヒットイ……182
ヒッポカス……42
ヒデリボッタイ……113
ヒトサバラ……168
ヒトッキラ……95
ヒトッキリ……95
ヒトッテ……95
ヒトヨサ……187
ヒナル……29
ヒネジーサン……43
ヒネブッタイ……109
ヒネボッタイ……113
ヒヤッコイ……117
ビヤッコイ……118
ヒョーキン……128
ヒョーキンモナイ……128
ヒョーグル……43
ヒョーザラ……183
ヒョーラク……183
ヒョコタン……52
ヒョコタンヒョコタン……147
ヒヨリ……164
ヒヨリゴイ……165
ヒヨリモーシ……165
ビリ……52
ビリダラビリダラ……147
ヒル……70
ヒロヒロ……148
ヒワズイ……124
ヒワデナイ……124
ヒンショッタイ……109
ビンボッタイ……109

フ

フキツボ……52
フキブリ……173
フクガエル……52

フクベ……43
フショーツケル……95
ブショッタイ……15、43、109
フソーモナイ……128
ブソッコイ……118
ブソッツラ……118
ブソブソ……148
ブソル・ブソクル……118
ブソンクソン……158
フタッテ……95
ブチカール……29
フッカケ……169
ブッサラウ……29
ブッソクナイ……125
ブッチョーチル……30、95
フリケ……166
フリツケル……174
フルシー……43
フルフル……148
フンガラカス……30
ブンブ……168

ヘ

ヘービ……43
ベーベー……148
ベーラベーラ……148
ベカベカ……148
ペカペカ……148
ヘサエル……52
ベショベショ……149
ヘスビ……43
ヘタクサ……20
ヘタヘタ……149
ヘタラクタラ……159
ヘッコマッコ……159
ベト……52
ベトベト……149
ベニサシユビ……52
ヘラクタ……20
ヘラニ……20
ヘラムショー……20
ベリベリ……149
ベロ……30
ヘロヘロ……96、149
ヘロヲコク……96
ベンカラベンカラ……149
ベンカンベンカン……149
ベンコー……110
ベンコッタイ……109
ヘンタラクモナイ……96

ホ

ホーガイモナイ……128
ホーガシャナイ……20
ホーホー……149
ボーラ……30
ホカホカ……150
ホキホキ……150
ボキボキ……150
ホキダス……43
ホゲ……52
ホゴク……30
ボサッカブ……43
ホセリ……43
ボタ……52
ホタホタ……150
ホツ……30
ボッコ……52
ボッシャボッシャ……150
ボッタツ……20
ホッチ・ボッチ……43
ボッチリボッチリ……150
ボッツラボッツラ……150
ホテギリ……96
ホテッパラ……96
ホトホト……150
ボナク……43
ボナル……43
ホノボノアケ……185
ボボケル……52
ボロ……177
ホンノリセン……96

マ

マイマイ……14
マキシュン……181
マグマグ……150
マショクニアワン……96
マズメ・マズミ……188
ママ……43
ママイ……30
マミアイ……43
マメッタイ……43、110
マルサラ……21
マンガアライ……44
マンズクタイ……110
マンルクタイ……110

ミ

ミガマシー……30
ミグサイ……44
ミゴトイ……52
ミズナリャーナイ……125
ミズライ・ミヅライ……44、125
ミタクデモナイ……97
ミヤバカ……21
ミリッコイ……118
ミリミリ……151
ミルイ……30
ミングリ……21
ミンジリ……21

ム

ムカサル……44
ムギマキドリ……44
ムゴッタイ……110
ムジ……44
ムシャポイ……121
ムジラッコイ……118
ムセッタイ……110

ムセボッタイ……113
ムッカリスル……97
ムッキリスル……97

メ

メグラマッタイ……97、110
メコメコ……151
メサイコサイ……159
メソ……44
メソメソ……151
メソメソジブン……30、97、186
メソメソスル……186
メソメソドキ……30、97、186
メタクタ……98
メタタキ……52
メタハチ……98
メタメタ……97
メッソーモナイ……128
メッタイ……30
メッタイシナ……98
メッパイオキ……98
メッポーカイ……129
メッポーカイモナイ……129
メド……44
メラ・メーラ……44
メンドッコイ……118
メンパ・メンパチ……53

モ

モーチナイ……125
モーヤ・モーヤン……53
モシキ……44
モジク……53
モジリ……30
モソグッタイ……110
モソグル……110
モソボッタイ……113
モネキッポイ……121
モモッチナイ……125
モモネ……44

ヤ

ヤーットブリ……99
ヤイキガイー……98
ヤイヤイ……98
ヤカ……53
ヤカナイ……125
ヤキヤキ……151
ヤグイ……53
ヤクタイモナイ……98
ヤケナイ……125
ヤジガル……99
ヤス……30
ヤズカ……30
ヤセウマ……44
ヤタラクタラ……99
ヤタラムショー……99
ヤチャクチャナイ……125
ヤツ……44
ヤッキリコク……99
ヤッキリスル……44、99
ヤッケー……44
ヤットカブリ……99
ヤットカメ……99
ヤットノコンボ……100
ヤトイド……53
ヤナシ方言……22
ヤニッコイ……118
ヤノアサッテ……45、184
ヤブセッタイ……30、110
ヤブセッポイ……121
ヤブセボッタイ……114
ヤミヤミ……151
ヤヨームヨー……159
ヤラシー……111
ヤラシッタイ……111
ヤラズノアメ……173
ヤラマイカ……100
ヤリキッテ……53、100
ヤワラッコイ……118
ヤンガサンガ……159
ヤンナリ……21
ヤンブレサンブレ……159
ヤンヤン……151

ユ

ユーイト……100
ユーウチ……100
ユーマズメ……188
ユサンユサン……151
ユルセー……21
ユルセクナイ……100
ユンベシマ……187
ユンルクタイ……111

ヨ

ヨアサ……185
ヨイヨイ……152
ヨイタンボ……53
ヨイマズミ……188
ヨーキヲクー……101
ヨーク……101
ヨーサー……187
ヨーサリ……187
ヨージッタイ……111
ヨージャ……30
ヨーセー……45
ヨーダチ……166、170
ヨーダチアメ……170
ヨーダチゲ……166、170
ヨーダチサマ……170、176
ヨーマ……187
ヨーモト……187
ヨガサラ……187
ヨガラヨッピトイ……187
ヨカンナ……101
ヨゴレボッタイ……114
ヨサリカカル……22
ヨサル……45
ヨダニカカル……101

ヨダラモナイ……101
ヨダヲハウ……101
ヨッツキサッツキ……102
ヨッツキヒッツキ……159
ヨッツキモナイ……102
ヨッピトイ……187
ヨド……31
ヨドカケ……53
ヨトリ……53
ヨリカサル……22
ヨル……22
ヨロブ……31
ヨンワクタイ……111

ラ

ラッカイ……129
ラッカイモナイ……129
ラッピランゴク……102
ランゴク……53
ランゴクナイ……102

リ

リシン……31

ワ

ワーサワーサ……152
ワイレ……171
ワガデニ……53
ワキャーナイ……102
ワザースル……102
ワスレボッタイ……114
ワラワラ……152
ワンツクワンツク……152

参考・引用文献一覧（主要）

物類称呼　越谷吾山　一七七五（岩波文庫　一九四一）
俚言集覧　太田全斎　一七九七（増補版・名著刊行会　一九六五）
東海道中膝栗毛　十返舎一九　一八〇二～九（日本古典文学大系　岩波書店　一九五八）
駿国雑志　阿部正信　一八四三（吉見書店新版　一九七八）
全国方言辞典　東條操編　一九五一　東京堂出版
日本言語地図第1～6集　国立国語研究所　一九六六～七四
日本国語大辞典　全20巻　一九七六　小学館
日本方言大辞典　全3巻　一九八七　小学館
静岡県方言辞典　静岡師範学校・静岡女子師範学校編　一九一〇　吉見書店
全国方言集（県内県外編）　静岡県警察部刑事課　一九二七
静岡県方言集　内田武志　一九三四　麗沢叢書
図説静岡県方言辞典　静岡県方言研究会・静岡大学方言研究会　一九八七　吉見書店
静岡県の方言　山口幸洋　一九八七　静岡新聞社
しずおか方言風土記　山口幸洋　一九九九　静岡新聞社

東海の方言散策　山田達也・山口幸洋・鏡味明克　一九九二　中日新聞本社
静岡方言の研究　中條修編　一九八二　吉見書店
ふるさと百話20（静岡県の方言・日野資純）　一九七七　静岡新聞社
静岡県方言風土記―主要語の語意・用例・分布　富山昭　一九八九
しずおか方言考―読んでごろじ　富山昭　一九九七　静岡新聞社
傑作しぞーか弁　静岡新聞社編　一九九九
富士川の言語―方言語彙の調査　富士川町教育委員会　一九五五
本川根方言考　井沢隆俊編　一九六〇　本川根町教育委員会
水窪方言（語彙）の基礎調査　山口幸洋　一九六〇　近畿方言学会
言葉の栞―小笠郡下の方言を中心とした―　戸塚一郎　一九六二
駿河岡部の方言と風物　佐藤義人　一九六七　大学書林
遠州方言集　小池誠二　一九六八　江西史談会
中川根の方言　長濱寛二郎　一九六八
井川村誌（「方言」）　井川村誌編集委員会　一九七四
下田市の方言集・第一集　一九七七　下田市教育委員会
郷土方言資料　静岡県立松崎高等学校郷土研究部　一九七七

掛川地方の方言集　構江老人会　一九七八
浜岡の方言　浜岡史談会　一九七八
静岡県島田方言誌　坂野徳治編　一九七九　古書肆三琳
増補伊東方言かきあつめ　飯島実　一九八〇　伊東郷土研究会
下流のことば　平山喜代一・平山善吉　一九八〇　南伊豆町教育委員会
韮山方言　町史の栞1～4集　一九八〇　韮山町
御殿場地方のことば　御殿場市立図書館　一九八四　御殿場市教育委員会
富士の地方ことば（方言集）　鈴木博　一九八四
うらん町の方言（御前崎）　松林久蔵　一九八五
ふるさとの方言記（袋井）　長谷川安夫　一九八五
産土・昭和61年度（「金谷町の方言」）　金谷高等学校郷土史研究部　一九八六
興津ことばあれこれ　藤田好秋　一九九五
ふるさと再発見―私の焼津地方の言語集　石田茂　一九九六
遠州の方言考―オエン・ズラ言葉　浅井昂　一九九六
遠州大東弁・方言辞典編　大東町方言研究会おたいらの会　二〇〇二
ふるさと大川の方言（静岡市）　大川クラブ80周年記念事業委員会　二〇〇五

あとがき

「まえがき」のところにも触れたように、前著『しずおか方言考読んでごろじ』を書いてからほぼ十年が経ちました。

幸いなことに、わずか二ヵ月で版を重ねるという勢いとなったのも、ご協力いただいた関係各位のおかげと身にしみて感じたことでした。同時に、方言に対して強い愛着、愛惜の念を抱く方が、たくさんおられることを知りました。

さらには、私の方言の勉強を励ましてくださり、情報、感想、そして誤りの指摘など、さまざまなお便りもいただきました。勉強不足の露呈は覚悟の上でしたが、にもかかわらず、続編の要望などもお寄せいただいたこと、本当にありがたく存じた次第です。

お便りの中で、私に最も印象深かったのは、県西部地方に住む方からの一通でした。そこには、「通っている病院で、若いお医者さんが、…ダモンデ、…ダニ、…ラなどと、年輩の患者さんに向かって地元の言葉遣いで話しかけている光景に、何かほのぼのとしたものを感じさせられ…」とありました。

特に、高齢化社会を迎える二十一世紀に、方言はその有効性を発揮する場を広げることになるのかもしれない、そんな考えが拝読直後にふと頭に浮かんだりしたからです。

そういえば、さらに以前のことですが、ある会社のカウンセラーから、方言資料を求める問い合わせがありました。聞けば、カウンセリングの場における方言の活用を図りたく、そのための自分の勉強に必要だからとのことでした。それは、お互いが心を開いて語り合う場に必要な言葉として、「方言」がたいせつな役割を果たしていることを、あらためて感じさせられるできごとでした。

たしかに、さまざまな日常生活の場で、家族や友人、知り合い同士の気のおけない会話が交わされる。そんな時にこそ、よそゆきのことばではなく、生来身につけてきたふるさとのことばが、実に生き生きとした対話をなし、ほのぼのとした雰囲気をつくり出しているのです。

つまりは、私たちは、知らず知らずのうちに、方言でなければ表現できない会話の妙味や、方言のもたらすなめらかな人間関係を享受しつつ生活しているのではないでしょうか。

ところで、本書は、前著とはやや異なるかたちの構成（内容）となりました。それは、「しずおか方言」の正体をさまざまな角度から探り当て、その個性的な側面に迫ってみたいという考えからの出発でした。

そうしたねらいのもとに、先達諸氏の多くの方言書、方言誌、方言集にくまなく目を通し、そこにこれまで自らの耳に留《とど》めてきたものを加えて編集してみました。私の役割はその「まとめ」の作業を担ったに過ぎません。ただ、そうすることで、「しずおか方言」の語句や語彙の一つ一つが、また新たな力を得て私たちの前に立ち現れることを期待する作業でもありました。

使わせていただいた多くの資料は、参考・引用文献の一覧に（あるいは本文中に）いちいちその名を掲げてあります。記して感謝の意を表するものです。

そのほか、今回も情報提供などで多くの方のご協力をいただきました。なかでも、方言学者山口幸洋氏からの貴重な資料の提供、版画家望月福次氏からの挿画（『方言絵本　ずら』より）の提供など、まことにありがたいことでした。出版に当たっての、静岡新聞社のご尽力とともに、あわせてお礼申し上げます。

平成十九年三月

富山　昭

著者略歴／**富山　昭**（とみやま・あきら）
一九四二年北海道生まれ。国学院大学文学部卒。一九六五年より静岡市在住。現在常葉学園大学非常勤講師・日本民俗学会員・静岡県民俗学会理事。
著書／『安倍川－その風土と文化』（共著・静岡新聞社）『静岡県の年中行事』（静岡新聞社）『静岡県民俗歳時記』（静岡新聞社）『しずおか方言考読んでごろじ』（静岡新聞社）など。
住所　〒四二〇－〇九三四
静岡市葵区岳美三一－一〇

えーら　しぞーか
―静岡県方言誌―

平成十九年四月十五日初版発行

著　者　富山　昭
発行者　松井　純
発行所　㈱**静岡新聞社**
〒四二二－八〇三三
静岡市駿河区登呂三－一－一
☎０５４－２８４－１６６６
印刷・製本　**藤原印刷㈱**

定価はカバーに表示してあります
落丁・乱丁はおとりかえいたします

ISBN978－4－7838－1079－7　C0039